KT
Kaiser Taschenbücher
21

W0178376

Eberhard und Renate Bethge (Hg.)

# Letzte Briefe
# im Widerstand

## Aus dem Kreis
## der Familie Bonhoeffer

Chr. Kaiser

Originalausgabe

Die Deutsche Bibliothek – CIP-Einheitsaufnahme

*Letzte Briefe im Widerstand*: aus dem Kreis der Familie
Bonhoeffer / Eberhard und Renate Bethge (Hg.).
– 4. Aufl. – Gütersloh: Kaiser, 1997
(Kaiser-Taschenbücher; 21)
ISBN 3-579-05024-9
NE: Bethge, Eberhard [Hrsg.]; GT

ISBN 3-579-05024-9
4. Auflage, 1997
© Chr. Kaiser / Gütersloher Verlagshaus, Gütersloh 1984

Das Werk einschließlich aller seiner Teile ist urheberrechtlich geschützt.
Jede Verwertung außerhalb der engen Grenzen des Urheberrechtsgesetzes
ist ohne Zustimmung des Verlages unzulässig und strafbar. Das gilt
insbesondere für Vervielfältigungen, Übersetzungen, Mikroverfilmungen
und die Einspeicherung und Verarbeitung in elektronischen Systemen.

Umschlaggestaltung: Ingeborg Geith, München,
unter Verwendung eines Fotos
(Grabstätte auf dem Dorotheen-Städtischen Friedhof in Berlin)
von © Eberhard Röhm, Leonberg
Satz: Druckerei Sommer, Feuchtwangen
Druck und Bindung: Clausen & Bosse, Leck
Gedruckt auf chlorfrei gebleichtem Werkdruckpapier
Printed in Germany

# Inhalt

Einleitung . . . . . . . . . . . . . . . . . . . . . . 7

Rüdiger Schleicher
    Mitteilungen von Hans-Walter Schleicher . . . . . . 15
    Briefe . . . . . . . . . . . . . . . . . . . . . . 23
Klaus Bonhoeffer
    Mitteilungen von Emmi Bonhoeffer . . . . . . . . 39
    Briefe . . . . . . . . . . . . . . . . . . . . . . 46
Hans von Dohnanyi
    Mitteilungen von Christine von Dohnanyi . . . . . 57
    Briefe . . . . . . . . . . . . . . . . . . . . . 66
Justus Delbrück
    Mitteilungen von Annedore Leber . . . . . . . . . 93
    Tagebuchaufzeichnungen und Briefe . . . . . . . . 96
Dietrich Bonhoeffer
    Mitteilungen von Sabine Leibholz und Susanne Dress . 111
    Briefe und Texte . . . . . . . . . . . . . . . . . 121
Danach
    Briefe von Karl-Friedrich und Karl Bonhoeffer . . . 130

Nachweise . . . . . . . . . . . . . . . . . . . . . . 133

# Einleitung

## 1.

Diese Sammlung von Zeugnissen der im Zusammenhang mit dem 20. Juli 1944 umgebrachten Angehörigen der Familie Bonhoeffer aus der Zeit vor ihrem Tod enthält mehr letzte als wirkliche Abschiedsbriefe. Genau genommen sind nur Klaus Bonhoeffers Briefe vom April 1945 aus dem Zellengefängnis Lehrter Straße eindeutige und vermächtnisartige Abschiedsbriefe. Rüdiger Schleicher hatte im gleichen Gefängnis einen solchen für die Seinen geschrieben. Bei einem der letzten Besuche seiner Frau Ursula in der Lehrter Straße hatte er diesen bei sich, hielt ihn dann aber doch zurück, um ihr, wie er sagte, nicht etwa das Herz unnötig schwer zu machen. Beide wollten noch nicht den Kampf ums Überleben aufgeben, selbst wenn man sich natürlich auf alle Möglichkeiten eingestellt hatte. Auch Hans von Dohnanyi und Dietrich Bonhoeffer scheint der Wille, im Chaos des frühen April 1945 nicht aufzugeben, zu sehr bestimmt zu haben, um ein Zeichen des Abschieds zu verfassen. Falls dennoch auch von ihnen dergleichen geschrieben wurde, ist das jedenfalls der Vernichtung anheimgefallen. Dietrich Bonhoeffer hat sich seit dem Scheitern des 20. Juli allerdings mehrfach vermächtnisartig geäußert, und diese literarischen Zeugnisse werden hier abgedruckt. Sollte sich ähnliches auch in seinen Briefen an seine Braut Maria von Wedemeyer finden, so bleibt das immer noch unzugänglich, weil sie vor ihrem Tode im Jahre 1977 die Verschlußklausel für ihre Korrespondenz mit Dietrich Bonhoeffer noch einmal auf weitere 25 Jahre ausgedehnt hat. Die Tagebuchaufzeichnungen von Justus Delbrück, dem Schwager Klaus Bonhoeffers und Haftgenossen in der Lehrter Straße, und sein Brief an den Sohn tragen deutlich die Züge eines

bewußten Vermächtnisses, sind aber noch kein Abschieds-
brief.

2.

Den Anstoß zur Veröffentlichung dieser Sammlung gab eine
neuerliche Durchsicht alter Briefe. Neben längst bekannten
letzten Zeichen von Hans von Dohnanyi, Justus Delbrück,
Dietrich und Klaus Bonhoeffer gab es auch von Rüdiger
Schleicher manche Zeugnisse aus seinen letzten Tagen. Mit
ihrem Gewicht weisen sie nun noch vollständiger die Haltung, mit der die Familie Bonhoeffer und ihr Zugehörige
jenes Ende bestanden, von dem sie mit dem Scheitern des
20. Juli 1944 beinahe unvergleichbar betroffen waren. Jener
Familie, in der während der härtesten Zerreißprobe kein
Schatten auf den gemeinsamen Einsatz fiel; in der jeder
wußte, daß das Herz des anderen reagierte wie das eigene; ob
in den Zellen, ob im Elternhaus, ob im Exil der Geschwister
Leibholz in Oxford. Das weltweite Interesse an Geist und
Rolle dieser Familie im deutschen Widerstand gegen den Nationalsozialismus ermutigen zur Herausgabe dieser »Letzten
Briefe«. Willem Visser't Hooft schrieb 1945 in einem Nachruf
auf Dietrich Bonhoeffer: »Die Nihilisten des Dritten Reiches
sind im Hause Bonhoeffer auf ein Zentrum hochgesinnten
Geistes von bester deutscher Überlieferung gestoßen, eines
Geistes, der mit ihrem Ungeist weder paktieren konnte noch
wollte« (Das Zeugnis eines Boten, Genf 1945, 4).

3.

Für die Auswahl der jeweiligen Zeugnisse waren Daten zu
setzen. Solche Daten fallen für die fünf Zeugen nicht einfach
zusammen. Für Rüdiger Schleicher und ebenso für Klaus
Bonhoeffer ist ein entscheidender Tag der des Todesurteils

durch den Präsidenten des Volksgerichtshofes, Roland Freisler, am 2. Februar 1945, nach dem man mit »letzten Briefen« rechnen mußte. Es erwies sich jedoch als angemessen, von Rüdiger Schleicher auch schon vorangehende Briefe an seine Frau aus dem Gefängnis aufzunehmen; ebenso auch zwei Briefe von Klaus Bonhoeffer an seine Söhne aus dem Jahr zuvor. Sie stehen in erstaunlichem Gegensatz zu der ungeheuren Spannung, in der er sich wegen und während des Attentats um den 20. Juli 1944 befand; sie sind so sehr auf seine Kinder ausgerichtet, daß sie kaum etwas von dem verraten, was ihm die letzte Phase abverlangte. – Für Hans von Dohnanyi ergibt sich nach allen vorangegangenen Veränderungen zu immer alarmierenderen Situationen die neue, letzte und gravierende mit seiner Überführung aus dem Krankenrevier des Konzentrationslagers Sachsenhausen in die Kellerzelle der Prinz Albrecht-Straße, dem sogenannten Hausgefängnis des Reichssicherheitshauptamtes, in den ersten Tagen des Februars 1945; dort sprach ihn übrigens noch einmal kurz sein Schwager Dietrich Bonhoeffer, dem es gelang, während eines Luftangriffs ungesehen in die Krankenzelle von Hans von Dohnanyi zu schlüpfen. – Für Dietrich Bonhoeffer galt es auszuwählen aus den bekannten Veröffentlichungen, vor allem aus »Widerstand und Ergebung«, was er selbst vor dem je erwarteten Ende brieflich oder literarisch als eine Art »Summa« niederschrieb; so den Brief unmittelbar nach der Nachricht vom gescheiterten Putsch; Abschiede wie die »Stationen auf dem Wege zur Freiheit« oder etwas später der »Jona«; dann aber auch die beiden tatsächlich letzten Briefe, die wir besitzen und in denen so profan-taktisch abgestimmt auf das Augenmerk des SS-Übermittlers der Briefe – mehr von Kleidersammlung als vom letzten Abschied die Rede ist. – Justus Delbrück, der ja offenbar von der Gestapo nicht auf die Mordliste gesetzt worden war, hat Tage und Wochen die Zelleneinsamkeit genutzt, um vor einem erwarteten Ende Rechenschaft und Vermächtnis für die Seinen zu hinterlassen.

4.

Dietrich Bonhoeffers Bezugnahme auf die NS-Kleidersamm-
lung deutet schon an, auf welch wichtigen Unterschied im
Charakter dieser letzten Zeugnisse wir beim Lesen achtzuge-
ben haben. Der Leser sieht sich hin und her geführt von der
Lektüre geschmuggelter Kassiber zu der von offiziell geneh-
migten und zensierten Briefen. Er liest Sätze, ja ganze Ab-
schnitte, die ihre Formulierung der Rücksicht auf den Mitle-
ser im Reichssicherheitshauptamt oder auch bei der Post verdanken, so des ominösen Kommissars Sonderegger oder der
Wache in der Lehrter Straße und in manchen Fällen schließlich der Wehrmachtspost; Formulierungen, die trotz Berück-
sichtigung des Mitlesers dann auch stets noch Authentisches
zwischen den Zeilen enthalten. Dafür ist ein eindrückliches
Beispiel u. a. der hier mit aufgenommene Brief Ursula Schleichers an den Sohn im Feld, in welchem sie ihm das Todesurteil über den Vater mitteilen muß. Wo es möglich ist, wird
deshalb jeweils vor den Texten die Art und der Laufweg der
Briefe angegeben.


5.

Jeder Briefgruppe geht eine Skizze über den Schreiber voraus.
Zumeist erzählen Angehörige von ihrem Vater, ihrem Mann,
ihrem Bruder. In einigen Fällen empfahlen sich bisher unver-
öffentliche Aufzeichnungen, die von Angehörigen gleich
nach 1945 für Ricarda Huch verfaßt worden waren, die somit
gewiß nicht alles berichten, was wir heutzutage wissen möch-
ten, aber dafür den Erschütterungen jener Monate noch sehr
nahe sind. Ricarda Huch hatte um Hilfe gebeten für ein Buch
über die Opfer des 20. Juli, in dem sie auch von Klaus und
Dietrich Bonhoeffer, von Hans von Dohnanyi und Rüdiger
Schleicher berichten wollte (auf Justus Delbrücks Überleben
hatte man damals noch hoffen dürfen); bei den Vorarbeiten

zu diesem Buch wurde sie jedoch vom Tode ereilt. So zeigen die biographischen Skizzen zu den jeweiligen Briefgruppen einen unterschiedlichen Charakter und besitzen sogar einen ungleichen Informationswert. Man sollte sich daran nicht stoßen.

## 6.

Denn dieser Band soll keine vollständige Geschichte jener fünf Personen bieten. Das ist im Fall Dietrich Bonhoeffers anderweitig schon umfänglich – und auch kontrovers – versucht worden und hier nicht zu wiederholen. Ähnliches wird für Hans von Dohnanyi in den nächsten Jahren geschehen, wenn bereits angelaufene Forschungsarbeiten endlich umfassend zum Ziel kommen. Bei diesen Arbeiten wird natürlich auch mehr Licht auf die Lebensbilder von Klaus Bonhoeffer, Rüdiger Schleicher und Justus Delbrück fallen. Das heißt jedoch: dieses Buch ist noch nicht die kritische Darstellung und Würdigung ihrer politischen Profile, ihrer etwa hinterlassenen Schriften und ihrer speziellen beruflichen bzw. historischen Leistungen. So kann man von diesem kleinen Band auch keine kritische Wertung des jeweiligen Anteils an den konspirativen Aktionen in der nationalsozialistischen Zeit erwarten. Das muß an anderer Stelle geleistet werden. Auch dies wird seine eigenen Probleme mit sich bringen. Dann dürfte sich herausstellen, daß manches, ja vieles kaum zu rekonstruieren ist. Fast alle Zeugen jener Ereignisse sind nicht mehr am Leben; wichtige Dokumente fehlen. Die veröffentlichten »Kaltenbrunner-Berichte« an Hitler über die Verhöre nach dem 20. Juli – auch die Verhöre dieser Fünf – sind keine »Protokolle«, sondern bloß von der Seite der Verhörer abgefaßte Dokumente einer bedrohlichen, extremen Zwangslage der Häftlinge; sie besitzen deshalb einen höchst zweifelhaften Quellenwert.

7.

Vielleicht leisten die Dokumente in diesem Band gleichwohl
eine Vorarbeit, da sie etwas von dem Geist des Widerstands
vermitteln, der die Opfer und ihre überlebenden Angehörigen hindurchgetragen hat. Dem dient die Hinzufügung der
beiden Stücke über das »Danach« in der Bonhoeffer-Familie
mit der Schilderung durch den Bruder Karl-Friedrich, der
überlebte, und mit den knappen Mitteilungen des Vaters an
einen ehemaligen Assistenten.

8.

Keiner der fünf Männer, die hier so persönlich dokumentiert
werden, hätte hervorgehoben sein wollen vor den anderen
Tätern und Opfern der Verschwörung um den 20. Juli 1944.
Es gibt noch viele andere, mindestens so betroffen machende
Zeugnisse und Schicksale aus dem Kreis der Verschwörer.
Diese Auswahl der Fünf wurde von uns vorgenommen. Und
während wir sie fertigstellen, bedrängt uns auch schon das Gefühl, daß wir fragwürdige Grenzen setzen. Bereits unter dem
Gesichtspunkt des weiteren Familienkreises hätten auch noch
andere einbezogen gehört, wie der schon am 8. August 1944
exekutierte Stadtkommandant von Berlin, General Paul von
Hase: er war ein Vetter der Mutter Paula Bonhoeffer; wie der
am 3. März 1945 aus dem Gefängnis Lehrter Straße zur Hin-
richtung geschleppte Ernst von Harnack, ein Vetter der Del-
brück-Geschwister; schließlich war ja auch Peter Graf Yorck
von Wartenburg mit der Familie verschwägert. Von den letz-
teren gibt es letzte Briefe bereits in dem von Helmut Gollwit-
zer, Käthe Kuhn und Reinhold Schneider herausgegebenen
Sammelband »Du hast mich heimgesucht bei Nacht. Abschiedsbriefe und Aufzeichnungen des Widerstandes 1933–
1945« (München 1954); siehe dort z. B. Ernst von Harnack
auf den Seiten 258–262, Peter Graf Yorck auf Seite 217f, und

Seite 151f Zeugnisse von Justus Delbrück mit einem erschütternden Abschiedswort an seine Frau. Die Herausgeber meinten ihre Sammlung von Abschiedsbriefen damals »nicht nur als pietätvoll bewahrtes Denkmal, als Mahnung und Warnung, sondern als ein Lebensbrot, dessen wir zum Wiederaufbau unserer verletzten Gesundheit nicht entraten können« (aaO. 7). Nicht anders verhält es sich mit diesem schmalen Band.

*Eberhard und Renate Bethge*

Angaben in eckigen Klammern stammen von den Herausgebern.

# Rüdiger Schleicher

Am 14. Januar 1895 in Stuttgart geboren – Im August 1914 als Soldat schwer verwundet – 1919 nach juristischem Studium Eintritt in den württembergischen Staatsdienst – 1922 als Assessor nach Berlin ins Reichsverkehrsministerium berufen – 1923 Heirat mit Ursula Bonhoeffer – 1924 Promotion über »Das internationale Luftfahrtrecht« – Arbeit am Kommentar zum Luftverkehrsgesetz – Nach Versetzung ins Reichsluftfahrtministerium dort als Ministerialrat Leiter der Rechtsabteilung bis 1939. Dann Honorarprofessor und Leiter des Instituts für Luftrecht an der Berliner Universität – Am 3. Oktober 1944 verhaftet – Am 2. Februar 1945 vom Volksgericht zum Tode verurteilt – Am 23. April erschossen.

## Mitteilungen

*Als am 30. Januar 1933 die Nationalsozialisten in Deutschland die Macht ergriffen, kommentierte mein Vater dieses Ereignis mit den Worten: »Das bedeutet Krieg!« Ich war damals neun Jahre alt und erinnere mich noch deutlich eines anschließenden heftigen Wortwechsels mit einer andersdenkenden entfernten Verwandten, der damit endete, daß wir uns nicht – wie ich gehofft hatte – gemeinsam den spektakulären Fackelzug ansahen, mit dem Hitlers Anhänger diesen Tag feierten. Für Rüdiger Schleicher bestand von Anfang an kein Zweifel an der Skrupellosigkeit und Gefährlichkeit der nationalsozialistischen »Bewegung«, und er mußte daher das neue Regime zutiefst ablehnen. Diese Einstellung, die bald durch die Ereignisse gerechtfertigt wurde, war für ihn eine Sache des Gewis-*

sens und der Gerechtigkeit; sie hat ihn schließlich in den Widerstand geführt, den er mit dem Tode bezahlt hat.

Rüdiger Schleicher wurde am 14. Januar 1895 in Stuttgart geboren. Seine väterlichen und mütterlichen Familien waren seit langem in Württemberg ansässig; seine beiden Großväter waren Juristen und verdiente, leitende Verwaltungsbeamte im württembergischen Staatsdienst. Sein Vater war ein sehr angesehener und beliebter Stuttgarter Arzt; er scheint von eher ernster Natur gewesen zu sein. Das künstlerische Element in Rüdigers Wesen stammte wohl mehr von der Mutter, Gertrud geb. Rüdinger. Diese wird als eine sehr charmante und gebildete Frau geschildert, die neben der Verantwortung für eine große Familie mit viel Geselligkeit noch Zeit für ehrenamtliche Aufgaben, z. B. beim Roten Kreuz, und für kunsthandwerkliche und schriftstellerische Arbeiten fand.

Rüdiger war der älteste von vier Brüdern. Er machte 1913 in Stuttgart sein Abitur und hatte den – einem kurzen Englandaufenthalt folgenden – Militärdienst fast beendet, als der Erste Weltkrieg ausbrach. Schon im August 1914 wurde er schwer verwundet und hatte bis in seine letzten Lebensjahre immer wieder unter heftigen Fieberanfällen als Folge dieser Verwundung zu leiden.

Von 1915 bis 1919 studierte Rüdiger Schleicher in Tübingen Jura. Er wurde Mitglied des »Igel«, einer nicht farbentragenden und nicht schlagenden Studentenverbindung, in der sich viele Söhne schwäbischer »Honoratioren« zusammengefunden hatten, und der auch sein Vater und sein späterer Schwiegervater angehört hatten. Obwohl man meist unter Landsleuten war, herrschte doch eine angeregte, weltoffene Atmosphäre, in der Rüdiger Schleicher Freundschaften gewann, die bis an sein Lebensende anhielten. Sein Geigenspiel machte ihn zum beliebten Gast bei Studentenfesten und Bootsfahrten – seine »Studentenbude« lag am Neckar gleich neben dem Turm, in dem einst Hölderlin seine letzten Lebensjahre verbracht hatte.

In die Zeit nach Kriegsende fiel eine zeitweise Mitgliedschaft

16

*in der Deutschen Demokratischen Partei, veranlaßt wohl vor allem durch die Schriften Friedrich Naumanns, die den jungen Mann für einen demokratischen Liberalismus auf der Basis christlicher und sozialer Verantwortung begeistert hatten. Er hat sich diese politische Grundanschauung fürs Leben bewahrt und sich später gern auf Naumann berufen.*

*Nach dem Studium trat Rüdiger Schleicher zunächst in den württembergischen Staatsdienst ein und wurde von dort 1922 bis 1925 als Gerichtsassessor nach Berlin ins Reichsverkehrsministerium beurlaubt. Hier war er mit Fragen des Luftrechts betraut, denen auch seine Dissertation gewidmet war.*

*Die Atmosphäre Berlins, die in vielem im Gegensatz zu einer gewissen Behäbigkeit und Enge seiner Heimat stand, hat ihn von Anfang an fasziniert, sodaß er, nach einem Zwischenaufenthalt beim Amtsoberamt seiner Vaterstadt Stuttgart, wieder nach Berlin zurückkehrte. Trotzdem blieb er im Herzen ein Schwabe, der ein gewisses Heimweh nach Württemberg und seinen schwäbischen Dialekt nie ganz verlor.*

*In die Zeit seines ersten Berliner Aufenthaltes fiel die Eheschließung mit Ursula Bonhoeffer, die ihm neben der Gründung der eigenen Familie einen neuen Kreis von Menschen erschloß, der für sein späteres Schicksal entscheidende Bedeutung erlangen sollte.*

*Die berufliche Laufbahn führte ihn in Berlin vom Regierungsrat in der Luftfahrtabteilung des Reichsverkehrsministeriums zum Ministerialrat und – bis 1939 – Leiter der Rechtsabteilung im Reichsluftfahrtministerium. Hier war er vorwiegend mit Verwaltungsaufgaben und gesetzgeberischer Tätigkeit befaßt. 1939 wurde er zum Honorarprofessor für Luftrecht ernannt und 1940 mit der Leitung des von Leipzig an die Universität Berlin verlegten Instituts für Luftrecht betraut. Er hat die wissenschaftliche Arbeit und Lehrtätigkeit, die einen Ausgleich zu dem immer unerfreulicher werdenden Dienst im Ministerium bildete, sehr geschätzt und sich ihr mit besonderer Liebe gewidmet. Sie fand ihren Niederschlag in einer Reihe von Aufsätzen in Fachzeitschriften, in der Heraus-*

gabe des »Archivs für Luftrecht« und vor allem in einem mehrfach aufgelegten und nach dem Kriege fortgeführten Kommentar zum Luftrecht, der ein Standardwerk seines Faches wurde.

Rüdiger Schleicher war Jurist und Beamter von großer Hingabe und hohem Verantwortungsbewußtsein. Er wollte seinem Staat dienen und nicht Privatinteressen. Er lehnte es daher stets ab, den Staatsdienst zu verlassen, selbst noch nach 1933 und obwohl er aus der Privatwirtschaft ein verlockendes Angebot erhalten hatte.

Ein Staatsdiener von einer solchen Staats- und Pflichtauffassung mußte beim Hereinbrechen der Diktatur in schwere Konflikte kommen. Im neugegründeten Reichsluftfahrtministerium, in das er übernommen worden war, war der Druck, der NSDAP beizutreten, besonders stark. Schweren Herzens entschloß er sich, dem Verbleiben im Amt auch das Opfer eines Parteibeitritts zu bringen. Er hoffte, sich durch diesen Schritt Einflußmöglichkeiten zu bewahren, mit denen er einer totalen Usurpation des öffentlichen Lebens durch die neuen Machthaber entgegenarbeiten konnte. Ich erinnere mich noch, wie mein Vater am letztmöglichen Tage vor der Aufnahmesperre im Mai 1933 abends mit mir mehrfach vor der Tür des Parteibüros wieder umkehrte, bis das Büro dann geschlossen war, und er klopfen mußte, um seinen Beitritt noch zu erklären. – Der Beitritt war innerhalb der weiteren Familie lange diskutiert worden – insbesondere auch im Hinblick auf die Möglichkeit der Familie, durch das Verbleiben im Amt wichtige Einblicke und Kontakte zu erhalten.

Die Parteizugehörigkeit wurde später im Todesurteil als besonders gravierender Umstand bewertet. Trotzdem hat mein Vater auch danach noch geäußert, daß er zu dem damaligen Schritt stehe, weil es ihm ermöglicht habe, manchem Bedrängten zu helfen – was in seinen Augen offenbar schwerer wog als der Makel, den er damit auf sich genommen hatte.

Im Staatsdienst sah Rüdiger Schleicher die ihm gemäße Möglichkeit, dem Recht zu dienen. Die Beziehung zum Recht, der

Dienst am Recht hatte bei ihm einen fast religiösen Charakter. Er war ein bewußter, doch liberaler Christ, der es sich mit seinem Glauben nicht leicht gemacht hat. Die Worte »Dein Reich komme« und »Trachtet am ersten nach dem Reich Gottes und seiner Gerechtigkeit, so wird euch solches (das Übrige) alles zufallen« waren für ihn von zentraler Bedeutung; sein eigenes Streben nach Recht und Wahrheit sah er durchaus in diesem Sinne.

Das Bemühen, seinen Mitmenschen stets Gerechtigkeit widerfahren zu lassen, offenbarte sich in seinem ganzen Handeln. Es öffnete ihm, im Verein mit der Gabe des Zuhörenkönnens und einer im Grunde fröhlichen, ja oft strahlenden Natur, die Herzen fast aller, die mit ihm in nähere Berührung kamen. Mißtrauen gegenüber seinen Mitmenschen lag seinem Wesen fern, und selbst dann, wenn an den bösen Absichten des Anderen kein Zweifel mehr sein konnte, versuchte er noch, ihn zu verstehen. Strafrichter wollte er nicht werden und lehnte 1939 eine darauf zielende Beförderung ab. Er hätte bei seiner großen – manchmal geradezu skrupulösen – Gewissenhaftigkeit auf die Dauer die Zweifel daran, ob er einen Angeklagten wirklich gerecht beurteilt habe, nicht ertragen, zumal in einer immer stärker politisierten Justiz. – Seine Lauterkeit und Güte waren zuweilen entwaffnend. Er gewann damit selbst seine Wärter im Gefängnis für sich, so daß einer von ihnen seinem Anwalt nachlief und ihn beschwor, alles ihm nur Mögliche zu seiner Rettung zu tun.

Ganz besondere Bedeutung hatte für meinen Vater die Musik. Sie war für ihn, wie ein Freund einmal sagte, »ein Fenster, durch das er in eine andere Welt sehen konnte«; er selbst hätte in bestimmten Fällen sogar das Wort »Offenbarung« als angemessen betrachtet. Er besaß das absolute Gehör, spielte gut Geige und liebte es vor allem, in der Familie oder mit guten Freunden Kammermusik zu machen. Gemeinsames Singen, oft sonntags am Klavier, wo der Vater frei harmonisierend Choräle begleitete, später gemeinsames Trio- oder Quartettspiel waren nicht zuletzt Momente der Entspannung in den zunehmend schwierigen und belasteten Jahren. In der Haft sollte sich dann die Liebe zur Musik als starke, tragende Kraft erweisen.

Man wird der Persönlichkeit Rüdiger Schleichers nur gerecht, wenn man auch die Familie in den Zusammenhang einbezieht. Und Familie ist hier nicht nur die eigene, mit Frau und vier Kindern, sondern sie umfaßt – nach dem frühen Tod der eigenen Eltern – vor allem auch die Eltern und Geschwister seiner Frau.

Die eigene Familie war meinem Vater gleichermaßen Aufgabe und Kraftquelle. Wir Kinder wurden in bürgerlich-christlicher Tradition erzogen, und unsere Eltern machten kein Hehl aus ihrer Einstellung zum Nationalsozialismus. Das Vertrauensverhältnis war so eng, daß sie sogar den noch recht kleinen Kindern gegenüber erstaunlich offen mit politischen Informationen und Aussagen waren, die sie im Interesse einer verantwortlichen Erziehung wagten.

Da die Eltern Bonhoeffer seit 1935 im Nachbarhaus lebten, bestand ein besonders enger Kontakt mit ihnen und ihren Kindern. Das gilt besonders für Dohnanyis, die eine Zeitlang ebenfalls in unmittelbarer Nähe wohnten, für Klaus Bonhoeffer und seine Familie und, vor allem seit etwa 1940, für Dietrich, der von da ab zumeist in seinem Elternhaus lebte und arbeitete und auch bei der Hausmusik ein begehrter Pianist war. Der Bonhoeffersche Familienkreis war in seiner Vielfalt und zugleich inneren Geschlossenheit wohl einzigartig. Alle wissenschaftlichen Fakultäten waren vertreten, und auch ausgesprochen künstlerische Begabungen fehlten nicht. Wenn es auch geringfügig unterschiedliche Schattierungen der politischen Anschauung gegeben haben mag, so bestanden über die gleiche demokratische Grundeinstellung keinerlei Zweifel, und die Nazis wurden schon ganz früh durchschaut und abgelehnt. Die Informationen, die insbesondere Hans v. Dohnanyi und Rüdiger Schleicher aus ihren Arbeitsbereichen mitbrachten, ließen keinen Zweifel mehr an der Niederträchtigkeit des Systems und der damit verbundenen Gefahr.

*Die Aufgaben, die die einzelnen Familienmitglieder im Kampf gegen das System übernahmen, waren je nach Beruf und Persönlichkeit unterschiedlich; gefährdet waren alle.*

*Rüdiger Schleicher war nicht aktiv an Plänen zum unmittelbaren Vollzug des Umsturzes beteiligt. Er wußte aber von solchen Plänen, billigte sie voll und half direkt Beteiligten mit seinem Rat. Er ließ sich in die Vorbereitungen für die Verwaltung nach einem gelungenen Umsturz einbeziehen. Enger Austausch bestand mit seinem Schwager Klaus Bonhoeffer über Fragen der zukünftigen Organisation im Bereich der Luftfahrt. Seinem Assistenten im Institut für Luftrecht, Dr. Hans John, der später mit ihm zusammen verurteilt wurde und den Tod fand, hat er Möglichkeiten für konspirative Reisen gegeben, zudem seine Institutsräume und sein Haus für entsprechende Zusammenkünfte zur Verfügung gestellt.*

*Im Oktober 1944 wurde Rüdiger Schleicher verhaftet und wochenlang verhört und gefesselt. Die ständige Drohung mit Repressalien gegen Frau und Kinder und die Vorstellung, daß von seinen Aussagen ihr Schicksal abhänge, hat ihn mehr belastet als seine eigene Lage. In den Verhören hat er die Entrechtung und Verfolgung der Juden, das Vorgehen gegen die Kirche und gegen »Staatsfeinde« und die Errichtung der Konzentrationslager als entscheidende Motive für seinen Widerstand bezeichnet. Eine direkte Beteiligung an den Vorgängen des 20. Juli 1944 war ihm nicht nachzuweisen. Das Wissen um die Existenz von Putschabsichten, seine Ablehnung des Regimes, das, wie er erklärte, im Interesse des Reiches und notfalls unter Beseitigung Hitlers gestürzt werden müsse, sowie die Tatsache, daß er für bestimmte Aufgaben nach dem Umsturz bereitstand, reichten zur Begründung des Todesurteils.*

*Sein Schwiegersohn Eberhard Bethge, der mit ihm in Haft war, und als einziger der gefangenen Familienmitglieder überlebte, berichtete später für die Familie, wie mein Vater sein Schicksal trug. Hier einige Auszüge aus dem Bericht von 1945:*

*»In der schlimmen Zeit hatten sich einige warmherzigere*

Wächter des Vaters angenommen und entdeckt, was sie für einen Mann vor sich hatten. Bald wuchs der Kreis derer, die einen großen Teil ihrer Wachzeit vor den Zellen 269 und 270 (Klaus Bonhoeffer und Rüdiger Schleicher) verbrachten ... Der Vater interessierte sich für jeden Einzelnen und wußte bald genau Bescheid über das Herkommen und die Interessen der jungen, sogenannten volksdeutschen SS-Männer. Mit dem einen studierte er an Hand von Karten die schönen Orte, die er mit dem Gesprächspartner im Frieden noch alle sehen wollte, vom andern ließ er sich erzählen, mit welchen Bräuchen eine schwäbische Hochzeit in Ungarn oder Siebenbürgen begangen wurde. Es gab manche, die vor mir mit einer schwärmerischen Begeisterung von der Nummer 270 sprachen, von Vaters warmherziger Güte und Interessiertheit, von der Selbstlosigkeit, mit der er Mitgefangenen von seinen Paketen abgeben ließ. Darin vor allem übertraf ihn keiner im ganzen Haus, wurde mir berichtet. Die jungen SS-Männer hatten bei aller Abstumpfung und Schulung doch das deutliche Gefühl dafür nicht verloren, wie sich jemand mit seiner schlimmen Lage abzufinden wußte.

Das alles erklärt wohl, daß im Dezember plötzlich die Geige durch die Halle tönte, – ein Ereignis ohne Parallele in der Lehrter Straße ... So öffneten die Wachen jeweils seine Tür, und nun trug der riesenhafte Raum den Ton durch unseren ganzen B-Flügel. Die Wachen wünschten Lieder und Schlager, Vater spielte die alten Volkslieder, eins nach dem anderen ... Die Trio- und Quartettthemen, die Sonaten und Oratorienmelodien, die Vater so reichlich in seinem Gedächtnis bereit hatte, erschienen uns noch viel schöner und voller als draußen ...

Dann kam der schlimme Tag (des Urteils) ... Als mich der Vater erblickte und ich mich dem Ereignis gegenüber völlig hilflos fühlte, winkte er freundlich herauf und lächelte so herzlich, daß ich vollends verwirrt wurde ...

Das allgemeine Urteil war, daß niemand so ungebrochen und aufrecht um den Gefängnishof herumging, daß niemand alle-

zeit so freundlich und herzlich lächelnd grüßte wie der Vater
... Er fühlte sich wohl verantwortlich für die innere und äuße-
re Haltung seiner Schicksalsgefährten und war nun ... der
Halt von vielen Anderen, frei und gelassen, hilfsbereit und
tröstend.«

Das Todesurteil am 2. Februar 1945 war das letzte Urteil des
berüchtigten Präsidenten des Volksgerichtshofs, Roland Freisler; tags darauf starb er durch eine Fliegerbombe. Nun folgte
ein Kampf um Zeitgewinn: der verzweifelte Versuch, die
Vollstreckung des noch nicht unterzeichneten Urteils durch
Wiederaufnahme des Verfahrens und Gnadengesuche bis
zum Kriegsende zu verzögern. Alle Bemühungen blieben ver-
gebens: In der Nacht vom 22. auf den 23. April, als die russische Armee schon am Berliner Stadtrand stand und man schon
den Geschützdonner hörte, starb Rüdiger Schleicher, zusammen mit Klaus Bonhoeffer, Hans John, Friedrich Justus Perels
und anderen, durch Genickschuß in der Nähe seines Gefängnisses.

Hans-Walter Schleicher


[Genehmigter Brief]                          Berlin,
                                             [Lehrter Straße 3]
                                             29. Dez. 44.


Meine liebste Ursel!
Hab vielen Dank für Deinen so lieben Brief, über den ich
ganz beglückt bin. Wie schön, daß Ihr so nett gefeiert habt
auch ohne mich, und daß der kleine Dietrich Euch Eure Sorgen etwas vergessen ließ. Auch, daß die Eltern gesund bei
Euch waren, freut mich sehr; der lieben Mama vorweg einen
innigen Geburtstagswunsch; möge sie und Papa gesund die
Rückkehr besserer Zeiten erleben dürfen. Und nun für Dich
zum neuen Jahr alles, was an innerem und äußerem Glück nur
möglich ist. Hab Dank für Deine ungeheure Liebe und Fürsorge für mich; ich weiß und spüre es immerfort, wie du an

23

mich denkst und um mich sorgst. Ich hätte nie gedacht, daß ich dir einmal solchen Kummer machen könnte; darüber bin ich selbst immer wieder traurig. Bleib Du vor allem gesund und behalte Deine liebe, herrliche Ruhe und Kraft. Dazu mußt Du Dich selbst vor allem gut ernähren; schicke mir bitte nun wirklich viel weniger zu essen; ich kann es beim besten Willen nie bewältigen und muß immer einen Teil weggeben, was mir um Euretwillen leid tut.

Eure herrlichen Weihnachtssachen habe ich ungemein genossen: Deine Weste und Schuhe, Tines[1] Strümpfe, Euer und Renates[2] Gebäck, Dodos[3] Tabak, Hans-Walters[4] Zigarren und vor allem seinen persönlichen Gruß, Eure reizenden Bilder, das Bäumchen und die Azalee, und was sonst noch kam, vor allem Klaus'[5] feiner Kalender, für all das kann ich nur Dir danken und Dich um Weitergabe bitten; ich weiß, was für Mühe darin steckt, vor allem bei Dir und Tine . . .

Mein Tageslauf beginnt mit Freiübungen, dann möglichst arbeitender (nicht rein lesender) Beschäftigung bis Mittag und am späteren Nachmittag mehr leichtes Lesen. Ich habe eine Physik und die Harmonielehre durchgearbeitet, würde aber gern noch mehr aus den mehr populären Physik-, Mathematik- und Astronomiesachen von Hans-Walter haben.

Sonstige Bücherwünsche: Delbrücks »Weltgeschichte« (allmählich) auch noch mehr von Ranke; ferner meinen »Sachsenspiegel« (Reclamheftchen) und die kleine deutsche Rechtsgeschichte (2 Göschenbändchen), evtl. aus dem Institut ein größeres Werk darüber.

Und nun denke ich voll Liebe an jeden Einzelnen von Euch, an Hans-Walter, daß er uns gesund wiederkehren möge, an Renate, daß ihre Sorge um den lieben eigenen Mann bald

---

1 Tochter Christine.
2 Tochter Renate.
3 Tochter Dorothee.
4 Sohn Hans-Walter, bei der Luftwaffe an der Front.
5 Der Patensohn Klaus v. Dohnanyi.

glücklich behoben sei, – im Hofe beim Spaziergang freu ich mich immer über seine Frische –; an Dodo und Tine und ihre Berufs- und Schulsorgen, an die Geschwister von Dir und meine Brüder, daß alles gut gehen möge, wie auch für unser ganzes deutsches Volk.

In Liebe und Dankbarkeit umarme ich Dich, mein Herzensschatz,

Dein Rüdiger.

[Genehmigter Brief]                           Berlin,
                                              [Lehrter Straße 3]
                                              30. Januar 45.

Meine liebe Ursel!
Das ist also nun der Brief zu unserem Verlobungstag am 5. Februar; hoffentlich kommt er rechtzeitig an und hoffentlich trifft er Dich beruhigt über unsere Zukunft – oder wenigstens einigermaßen beruhigt. Das Schicksal aller deutschen Menschen ist ja heute unsicher angesichts der Kriegsereignisse; da stehen wir ja nun nicht allein. Ich selbst bin ruhig darüber, daß ich Euch gesund und vor allem bei den Eltern geborgen weiß, daß Du die Mädels bei Dir haben kannst und daß unser kleiner Enkel, dessen erster Geburtstag ja nun auch vor der Tür steht, Euch als kleiner Glücksbringer im Hause ist. Das ist doch in all dem Kummer die Hauptsache. Seht nur zu, daß Euch die Eltern durchhalten; daß sie richtig ernährt werden und die nötige Ruhe haben; sie sind doch jetzt wahrhaft Euer Stecken und Stab – wie sie's uns ja auch sonst in den 22 Jahren unseres Zusammenseins gewesen sind.
Angefangen von unserer Verlobungs- und ersten Ehezeit und bis auf den heutigen Tag! Ja, da bin ich mitten drin in all dem Schönen, was Du mir gegeben und geschaffen hast, in unserem herrlichen Heim mit seinem gemütlichen Eßzimmer, wo wir alle um unseren immer größer gewordenen runden Tisch

bei den Mahlzeiten zusammen waren, oder unserem sonnendurchfluteten Wohnzimmer mit seinen reizenden Möbeln und behaglichen Bildern, wo wir am Sonntag zusammen gesungen und musiziert haben, oder bei unseren schönen Geburtstags- oder Familienfesten, oder im behaglichen Friedrichsbrunner Häuschen, wo wir einst unseren Ehestand begonnen haben und Du mir das erste Mal gekocht hast, wo Hans-Walter das erste Wort gesprochen und das Laufen gelernt hat und alles voll lieber Erinnerungen steckt, oder an sonst einem Ferienort, in Tempelburg oder Eisenbach, auf dem Kniebis, in Deep oder Langeoog oder gar damals in Lugano, oder auch in Tübingen oder Stuttgart oder wo immer wir miteinander mit oder ohne die Kinder schöne, glückliche Zeiten verbracht haben. . . . Du hast es mir überall und immer wieder wunderschön gemacht. Hab Dank für alles und verliere die Hoffnung nicht, daß der Sonnenschein wiederkommt nach dem Regen, der nun einmal über uns ausgebrochen ist. Auch an unseren Hans-Walter, der ja nun in einer schweren Aufgabe draußen steht, denken wir voll Zuversicht; und unsere Töchter sollen guten Muts bleiben; ihren Frohsinn behalten und auch Eberhard bald wieder zu Renate zurückkehren dürfen. –

So, nun bin ich durch diesen Brief selber wieder mit einem Glücksgefühl aufgeladen worden; das tut mir ordentlich wohl, obwohl ich auch sonst ruhig bin und in meiner Zelle keinerlei Mangel leide. Leb wohl, du Allerliebste, laß Dich küssen und mit den Kindern und den Eltern von ganzem Herzen grüßen

von Deinem Rüdiger.


31. früh. Alles Liebe, mein Schatz,
nimm noch diesen Gutenmorgengruß!

[Ursula Schleicher an ihren Sohn     [Marienburger Allee 42]
Hans-Walter,                                   9.2.1945
nach dem Todesurteil gegen den Vater]


Mein lieber guter Junge!
Du wirst Dich wundern, daß ich Dir seit Donnerstag nicht
geschrieben habe. Zwei Briefe habe ich geschrieben, mir
brach das Herz, sie abzuschicken, aber schließlich bist Du ja
nun ein Mann und kannst in dem Glauben, der uns geschenkt
ist, Trost und Kraft finden. Freisler hat am 2.2. Vater, Onkel
Klaus, John und Perels zum Tode verurteilt, Harnack einen
Tag vorher. Selbst die Offizialverteidiger stehen bei Vater vor
einem Rätsel, sowohl Weimann wie Neubert sind verständ-
nislos dafür. Aber das Urteil kann nicht aufgehoben werden.
Ich war am 3. früh beim Volksgerichtshof und habe dem
Oberreichsanwalt gesagt, daß sie unschuldiges Blut vergießen
würden, wenn das Urteil vollstreckt würde und daß das ge-
rächt würde. Er sagte: »Gnädige Frau, ich verstehe Ihre Erregung, möchte aber solche Worte hier nicht hören«, ich sagte:
»Das glaube ich, aber es ist so!« Darauf kam Vollalarm. Ich
ging in Vaters Institut in den Keller. Es kam dieser fürchterli-
che Angriff. Obwohl bei uns das Hinterhaus abgerissen wurde und Bombe auf Bombe fiel – alles schwankte, der Stuck fiel
ab, Wasser kam in den Nebenkeller – hat mich noch nie ein
Angriff so kalt gelassen; ich dachte nur, wenn es nur die Richtigen träfe! Zur Zeit des Angriffs war Onkel Rolf[1], der zufäl-
lig am 2. gekommen war und helfen wollte, unten in der S-
Bahn am Potsdamer Platz. Er sah dann, wie wir auch, als wir
herauskamen, daß der Volksgerichtshof brannte und eilte
hin. Er wurde als erster Arzt zu dem sterbenden Freisler ge-
rufen; als er nach seinen Personalien gefragt wurde, sagte er:
»Ich bin der Bruder desjenigen, der gestern unschuldig von

---

1 Der Stuttgarter Bruder Dr. med. Rolf Schleicher, damals Stabsarzt.

diesem Mann zum Tode verurteilt wurde.« Worauf die Umstehenden ein deutliches, zum Teil ausgesprochenes Entsetzen ergriff. Das Urteil ist nun noch nicht von Freisler unterschrieben worden, da die Sitzung erst um 7 Uhr am 2. beendet wurde. Das verzögert die Sache, zumal die Akten vielleicht mitverbrannt sind. Sie gehen sonst am Tag darauf ins Justizministerium und sind gestern noch nicht dort gewesen. Das einzige, was helfen kann, ist: Zeit gewinnen. Daß Deutschland nun noch mit Gewalt um solche Männer gebracht werden soll wie Vater einer war, ist nicht zu glauben und eine Schande für die führenden Männer. Vater wird Nichtanzeige zur Last gelegt. Wenn es wahr ist, was Onkel Klaus zur Last gelegt wird, sollte er ihn anzeigen? Nein, lieber tot!

Vater habe ich an unserem 22. Verlobungstag sprechen können (5.2.) Dorothee war dabei. Er war ruhig, gefaßt und sagte, es sei ein Egoismus, aus dieser jetzigen Welt zu gehen, schwer wäre es ihm nur, uns zurückzulassen. Er hat aber auch ein Gnadengesuch wegen uns eingereicht. Ob mit Recht oder Unrecht verurteilt, spiele keine Rolle, sie trügen ein gemeinsames Schicksal. Er bat um Kunstbücher, Klavierauszug der Matthäuspassion und h-Moll-Messe. Er will sich nur noch mit Kunst und religiösen Dingen befassen. Harnack, der neben ihm sitzt, hat gestern seiner Frau erzählt, daß es ihm eine solche Kraft gebe, daß er gestern den ganzen Tag die Matthäuspassion gespielt gehört habe[2]. Wie dankbar müssen wir sein, daß er das hat. Vater schrieb gestern: »Es geht mir gut, wenn ich es nur auch von Euch wüßte.« Als wir uns am 5.2. verabschiedeten, sagte Vater noch: »Vielleicht sind uns doch noch mal 22 Jahre beschieden.« Wir dürfen auch den Mut nicht sinken lassen. Die Zeit eilt und vielleicht hat doch noch einmal jemand die Einsicht, daß diese Männer keine todeswürdigen Verbrecher sind. Es steht in Gottes Hand. Wenn es ihnen bestimmt ist, dann will Gott sie vor Schwererem be-

---

2 Es war durch einen der beiden Kommandanten gelungen, Rüdiger Schleicher seine Geige in die Zelle zu bringen.

wahren. Ich war ganz ruhig, als ich Vater gesehen hatte, nun soll man ja alle acht Tage Sprecherlaubnis kriegen. Wer weiß, bis wann Du den Brief bekommst. Für Dich ist es am schwersten, denn Du mußt allein mit diesem Leid fertig werden. Aber stolz kannst Du auf Deinen Vater sein, und dieses Bewußtsein stärkt uns, denn von dem Gericht, das Vater verurteilte, ist keiner wert, ihm die Schuhriemen zu lösen; aber sie sind verblendet und können nichts dafür; sie wissen nicht, was menschliche Größe ist. Vaters Amt benimmt sich feige bis zum Letzten. Möchte auch ihnen mal die Erkenntnis über ihre jämmerliche Kleinheit kommen. Deutschlands Männer fallen an der Front oder werden gewaltsam zu Tode befördert; was bleibt übrig?

Nun mein guter Junge, behalte Deinen Glauben trotz allem, er gibt uns Kraft und Zuversicht und verbindet uns, auch wenn wir getrennt sind. Wie lange die Briefe gehen, weiß ich nicht, da wir von Dir noch keine Bestätigung unserer Briefe haben.

Vater läßt Dich sehr, sehr grüßen, Du sollst guten Muts bleiben wie er auch.

Leb' wohl, mein Herzchen, Kopf hoch!

In Liebe Deine Mutter.

Am 2. früh brachte ich Vater ein Frühstück ins Gefängnis. Wir warteten, bis sie herausgeführt wurden. Alle gefesselt; Vater kam auf mich zu, gab mir einen Kuß und sagte: »Sei guten Muts!« Er wurde angebrüllt, aber es war zu spät. Aus der scheußlichen Minna (Gefangenenauto) ertönte dann noch sein Igelpfiff. So war er zuversichtlich.

[Genehmigter Brief ins Feld]

Berlin,
[Lehrter Straße 3]
14. Februar 1945.

Mein lieber Hans-Walter!

In einer Woche ist Dein 21. Geburtstag. Du begehst ihn in schwerer Zeit mitten in verantwortungsvollem Einsatz und belastet mit der Sorge um mein Schicksal und das von Mutter und Schwestern. Zu schwer will es Dir vielleicht scheinen. Da möchte ich Dir heute umsomehr Glück wünschen und Dir zunächst sagen: Bleib guten Muts, laß Dich in Deinem Dienst nicht beeinflussen, auch nicht in Deinem Verhalten zu anderen Menschen, sondern bleibe wie Du bisher warst: aufrecht und gütig und willig zu allen Aufgaben, für die man Deiner bedarf. Das ist jetzt die Hauptsache.

Um mich sorge Dich nicht. Noch läuft ein Gnadengesuch, aber auch abgesehen davon: ich habe ein unendlich schönes und glückliches Leben gehabt; am schönsten war es zu Hause dank Mutters Liebe, aber auch dank Euch Kindern, die Ihr mir nur Freude gemacht habt. Darum kann ich Dir auch im großen nur sagen: Gehe Deinen Weg weiter, wie Du ihn angefangen hast, bleibe Dir selber treu, dann kann es nicht fehlen, auch nicht in Deinem Dienst und in Deinem schönen Beruf, in dessen Grundlagen ich ja nun hier etwas eingedrungen bin (auch zwei chemische Bücher habe ich gelesen). Daß Du an der Musik festhältst, brauche ich Dir nicht besonders zu sagen: was sie mir immer wieder bedeutet, habe ich auch hier empfunden, als ich die Klavierauszüge der Matthäuspassion und der h-moll-Messe »durchlas«, das geht zusammen mit der Erinnerung auch ganz gut.

Vor mir steht Dein nettes Bild neben dem der Schwestern, während das von Mutter oben drüber hängt; so habe ich Euch alle vor mir. Von Herzen wünsche ich Dir, daß Du alle Fährnisse gesund überstehst und für Mutter und Schwestern eine starke Stütze sein kannst, wenn ich nicht mehr sein sollte.

Mir persönlich geht es gut, ich bin ruhig und lese wie bisher;

gestern hatte ich Sprecherlaubnis mit Mutter und Christine, das war mir eine ganz große Freude. Mutter erzählte mir da auch von Deinem kürzlichen schweren Flug[1]. – Heute ist übrigens der 72. Geburtstag meiner Mutter; da denke ich auch voll Dankbarkeit zurück an mein eigenes Elternhaus im lieben alten Stuttgart. Behalte auch Du Deine Liebe zum Schwabenlande.
Und nun laß Dir in Liebe die Hand drücken und Dich grüßen
von Deinem Vater.


[Offenbar Kassiber]                    Berlin,
                                       [Lehrter Straße 3]
                                       18. März 1945.

Mein Herzensschatz!
Es ist Sonntag Morgen und es mag gegen 11 Uhr sein, und Du sollst einen Gruß von mir kriegen, schon damit Du weißt, wie mirs geht und nicht traurig bist meinetwegen, etwa im Gedanken, es gehe mir schlecht oder ich sitze frierend und niedergeschlagen in meiner Zelle; nichts von alledem!
Ich habe mir einen wundervollen Gottesdienst gemacht – oder richtiger: nicht *ich* mir, sondern – wenn ich so sagen darf –: Gott selbst macht so etwas, daß man wirklich vollkommen ruhig und über alle Dinge erhaben wird. Ich habe zuerst die Bibelstellen gelesen, die im Gesangbuch – und in den Losungen – für den heutigen Sonntag stehen, vor allem Psalm 42 und 43, dann aber noch einige dazu; ich bin dabei auch in das lezte – 29. – Kapitel von Chronika I und die Anfangskapitel von Chronika II geraten, lauter erstaunlich schöne und kraftvolle Sachen, oder mindestens erstaunliche Dinge. Dann habe ich die herrlichen Lieder 219 (Gib dich zufrieden) und 209 gelesen – ist nicht 219 Vers 9 und 10 über alle Maßen schön?

---

1 Absturz beim Fronteinsatz.

Und dann habe ich diese und andere Lieder auf der Geige gespielt, natürlich auch »Was mein Gott will« und »Wenn wir
in höchsten Nöten sein« (210 und 211) und das hat mich nun
wieder mitten hinein in die Matthäuspassion geführt, von der
ich nicht bloß meine Lieblingsarie »Erbarme Dich« (S. 92),
sonder auch »Er hat uns allen wohlgetan« und »Aus Liebe
will mein Heiland sterben« (S. 109), einige Choräle und den
unglaublichen Schlußchor »Wir setzen uns mit Tränen nieder« auch auf der Geige allein so spielen kann, daß ich den
größten Genuß davon habe. – Du siehst, es fehlt mir an
nichts. Und daß mir dabei nicht nur innerlich wohl, sondern
auch äußerlich warm wird, kannst Du glauben. Von meinem
Tisch und der Wand sehen mich Eure lieben Bilder an, dazu
die Stuttgarter Stiftskirche und der Tübinger Hölderlin-
Turm in Schäfers hübschem Aquarell, Eure gelben Oster-
glocken – Narzissen blühen auch noch – und es ist alles recht
und gut, und was auch kommt, diese Dinge kann mir niemand nehmen, aber Euch auch nicht; darum, mein Schatz,
laßt Euch nicht das Herz abdrücken ob all dem Leid und
Elend, sondern bleibt stark und zuversichtlich. Hoffentlich
hört Ihr bald wieder von Hans-Walter; der kann ja eigentlich
nicht mehr an seinem Ursprungsplatz sein, sondern ist sicher
weiter zurückgeführt worden. Dadurch wird man auch
nichts von ihm gehört haben so lange Zeit.
Und sonst? Ich habe in der letzten Woche sämtliche Briefe –
Episteln – des Neuen Testaments gelesen, z. T. mit dem griechischen Text verglichen, und war dabei im ganzen wenig be-
friedigt; schon die Übersetzung ist dort nicht befriedigend,
aber auch der Inhalt greift einem meist nicht recht ans Herz.
Psalmen, Sprüche, Prediger, Jesaja 40ff. sind dagegen ganz
andere Sachen: Das Allein-Wesentliche in der Religion ist
doch das »Verhältnis zu Gott«, wenn Du so willst: das Beten
und die Haltung, die daraus erwächst; alle die oft gewunde-
nen Erklärungen, Beweise über Jesu Bedeutung, seinen Op-
fertod, sein hohepriesterliches Amt usw. in den Episteln tre-
ten da doch sehr zurück. Auch ein Buch wie Senecas herrliche

Spruchweisheit, die eine sehr hohe ethische und religiöse Stellung zeigt, steht m. E. über den meisten dieser Episteln, die doch z. T. etwas fanatisch, z. T. primitiv sind – abgesehen von der stark mystischen Übersetzung, die immer von Propheten, Heiligen usw. spricht, wo man wohl einfacher Verkündiger, Gläubige usw. setzen muß.

Inzwischen fand der große Angriff statt, der in unserem Keller im Gefühl völliger Sicherheit zu ertragen war. Hoffentlich ist er bei Euch auch so gut abgegangen! –

Sonst sitze ich noch an Delbrücks »Weltgeschichte«, die ich zugleich mit Mommsens »Römischer Geschichte« lese – auch das fabelhaft farbig und genußreich; dahinter kommt dann noch Stifters »Nachsommer«, der mich immer wieder anzieht, und Reuters »Festungstid«, gewissermaßen meine leichteste Lektüre, die ich mit Vergleichen zu meiner jetzigen Lage voll Genuß lese – auch R. war einmal zum Tode verurteilt! So siehst Du mich beschäftigt den ganzen Tag, und dazwischen ein gutes Essen und ein ausgiebiger Schlaf, dem eine tägliche kalte Waschung und Turnübungen folgen, vervollständigen Dir mein Dasein, das – abgesehen von der Tatsache meiner Haft – an sich nichts Bedrückendes hat. Darum sorgt Euch nicht über mich, sondern denkt mehr an Euch selbst, um die ich mich allein sorgen müßte – aber sorgen ohne handeln zu können ist eine sehr dumme Sache.

Ihr solltet Euch nicht durch Rücksicht auf mich hier halten lassen, wenn Ihr abreisen könntet. Wer weiß, ob wir nicht auch noch weggebracht werden. Ich nehme ja an, daß Ihr dann zu Rolf nach Niedernau geht, oder nach Friedrichsbrunn?

Voll Liebe denke ich an Euch alle, vor allem an Dich, mein Schatz! Welch schwere Sorgen hast Du jetzt zu ertragen; schon' dich nur auch und iß genug, Du warst gestern sehr dünn und schmal. Und nun laß Dich in zärtlicher Liebe an mein Herz drücken, hab Dank für alles, grüße die Kinder, die Eltern, Brüder, Geschwister und Freunde.

Dein Rüdiger.

20.3. Schick diesen Brief ja nicht mit der Post an Hans-Walter. Auch gestern und heute ist es mir gutgegangen. Ich habe den »Nachsommer« zu Ende gelesen, das letzte Kapitel ist einfach wunderbar. Die Schneeglöckchen sind reizend. – Übrigens, Dein Platz im Himmel ist sicher besser als meiner; lieber und besser und fürsorglicher und treuer kann ja gar niemand sein als Du, mein Schatz.

[Genehmigter Brief?]       Gefängnis
[An Prof. Karl Bonhoeffer]    Lehrter Straße.
             30. März 1945.

Lieber Papa!

Du begehst diesmal Deinen Geburtstag in einem Zeitpunkt, da wir meinen, die Not des deutschen Volkes könne kaum noch größer werden und die Krise treibe ihrer Entscheidung zu. Zugleich siehst Du fast sämtliche Männer Deiner Familie in Gefahr und alle übrigen Glieder in schwerer Not und Sorge um sie. Das ist für Dich und Mama eine Belastung, die wohl alles übersteigt, was Ihr je vorher erlebt habt. Aber es ist zugleich die Aufgabe, die Euch Beiden Eure Kraft gibt und erhält. Und es ist unser größter Wunsch, daß Euch Beiden diese Kraft erhalten bleiben möge, solange wie das überhaupt möglich und denkbar ist. Deine unendliche Güte und Ruhe – und wenn mir das zu sagen erlaubt ist – Deine Weisheit, verbunden mit der unermüdlichen Fürsorge und alles überdenkenden Tatkraft von Mama, ist es ja, die uns alle Eure Kinder und Schwiegerkinder und Enkel heute sichtbar und unsichtbar trägt, leitet oder mindestens geleitet. Wenn ich heute trotz alles Erlebten mit ruhigem Herzen in meiner Zelle sitze und weiß, daß Ursel und die Kinder geborgen sind trotz allem, so ist's, weil Ihr Beide im Hintergrund steht mit all Eurer Liebe, und ich kann Euch Beiden nur von ganzem Herzen dafür danken. Es tut mir sehr leid und ich habe anfangs sehr darunter gelitten, daß ich ebenfalls Anlaß zur Sorge für Euch wurde. Und ich weiß, wie schwer Ursel an diesem Schicksal trägt. Aber ich glaube im tiefsten Grunde meines Herzens, daß es noch ein gnädiges Ende nehmen wird, nicht für mich allein, sondern ebenso für Klaus und die anderen Betroffenen, auch Dietrich und Hans. Voll Liebe denke ich auch an Hans-Walter, der wie der kleine Klaus jetzt mitten im schweren Einsatz steht. Hoffentlich hört Ihr Gutes von ihnen zu Deinem Geburtstag und hoffentlich bleibt es dann weiter gut.

Daß Eberhard, der mit seinem reizenden Frohsinn täglich nach mir sieht, wieder gesund und glücklich zu Euch heimkehrt, kann ich eigentlich überhaupt nicht bezweifeln. Und die andern alle, die noch zur Familie gehören, mögen auch gesund bleiben und alles, was noch kommt, vollends gesund überstehen. Ich selbst habe Dir und Mama auch sonst für viel Liebe und Sorge und auch Nachsicht zu danken. Laß es Dir heute schriftlich sagen, in der Hoffnung, daß ich es auch mündlich noch tun kann. Zu meinen Freuden, die ich Dir hier zu danken habe, gehört die ja immer wieder erstaunlich glänzende Tabakversorgung. Hoffentlich legt sie Dir selbst keine gar zu großen Opfer auf. Aber ich sehe es nicht nur an den Behältnissen, daß auch manches leckere Gericht, das Ursel bringt, aus Eurer Küche stammt. Und auch dafür laßt Euch danken. Aber tut nun Einhalt, besonders auch Ursel – schickt mir nicht zuviel. Ursel ist jetzt krank und braucht es selbst nötiger als ich, der sich ja kaum bewegt und eigentlich nur liest, wenn auch nicht nur Unterhaltungsbücher, so aber doch nur, was das Herz begehrt, darum immer voll Spannung und Befriedigung. Zur Zeit steht Delbrücks wirklich schöne »Weltgeschichte« im Vordergrund, in der ich bei den Ottomanen angelangt bin. Als juristisches Problem soll mich die »Fahrlässigkeit« – Leichtfertigkeit, Schuld – und ihre Kehrseite – Reue, Gewissen, Strafe – bald wieder beschäftigen. U. a. auch gemessen an den heute technischen Beschäftigungen, z. B. des Flugzeugführers, wo kleinstes Versagen zu den schwersten Folgen führen kann und wo mir immer wieder die

Notwendigkeit völliger Freistellung von der weitgehenden Haftung für Verschulden im Falle nur *leichter* Fahrlässigkeit vorschwebt, weil diese vom entschuldbaren Versagen vielfach nicht zu trennen sein wird. Kann ich darüber einmal etwas Psychologisches aus Deinen Büchern lesen? Ursel sagte mir schon, Du glaubtest, darüber nichts zu haben, aber ich konnte ihr das Problem ja gar nicht so schnell erläutern.

Von ganzem Herzen wünsche ich nun Dir und Mama und Euch allen einen schönen Geburtstag und ruhige Ostertage, voll freudigen Gedenkens an die früheren herrlichen Familienfeste, besonders Deinen 75. Geburtstag. Und nun grüße ich Dich in dankbarer Liebe als

Dein treuer Rüdiger.

[Genehmigter Brief]                    Berlin,
                                       [Lehrter Straße 3]
                                       1.4.45.

Liebster Schatz, liebe Kinder!

Ihr sollt heute noch einen besonderen Osterbrief kriegen, nachdem ich Euch doch gestern nicht habe sehen können und noch einige Tage vergehen werden, bis es möglich sein wird. Von ganzem Herzen wünsche ich Euch einen schönen Tag: ich weiß, Ihr feiert im Luftschutzkeller, und es ist noch kriegsmäßiger als sonst, aber Ihr seid innerlich fröhlich dabei, und das ist die Hauptsache. Oder ist es nicht so? ... Du weißt ja, daß mirs gut geht; ich habe Deine beiden herrlichen Sträuße vor mir auf den beiden Tischchen stehen, darüber liegt das Nest mit den Ostereiern, und an der Wand hinter Euren Bildern steht Klaus' Spruch »Christ ist erstanden von der Marter alle!« Dabei denke ich an unseren einstigen 4-stimmigen Chorgesang und freue mich schon darauf, wenn ich es nachher geige. Aber ich denke auch an die unglaublich schönen Stellen in der Missa und der h-moll-Messe »Et resurrexit«, und den Jubel, mit dem der Chor das heraussingt. Und dabei denke ich – ist das vermessen? – ein wenig an uns hier und an den Glauben, daß auch wir wieder erstehen dürfen, wenn die Zeit dafür gekommen ist.

Liebste Ursel, bleib Du selber zuversichtlich und guten Muts; Du weißt nicht, wieviel Ruhe mir allemal Deine Bemerkung bringt: »Wir sind es auch«; wenn ich Euch ruhig weiß, bin ich zufrieden. Aber schone Dich, so gut es geht; schickt mir unter keinen Umständen zuviel gute Sachen, Du hast mich ja in letzter Zeit über die Maßen verwöhnt, und das macht mich richtig unglücklich, weil ich weiß, daß es Euch abgeht.

Und nun einen Kuß jedem von Euch und Dir, mein Herz, einen besonderen.

Alles Liebe                                                          Vater.


[Genehmigter Brief]                          [Lehrter Straße 3]
                                                          13.4.45.


Liebste Ursel!

Zunächst hab Dank für Deine Liebe, die mich auf Schritt und Tritt umgibt und auch innerlich stärkt in meinem Dasein; das Bewußtsein, daß Du da bist und mir hilfst, gibt mir die größte Kraft. Hoffentlich geht nicht alles über Deine Kraft, ich und Tine[1] und Hans-Walter und die ständigen Fliegerangriffe; es ist für Dich schon ungeheuer viel, was auf Dir liegt. Und doch müssen wir froh und dankbar sein, daß alles bisher noch so gegangen ist, und mit Dir bin ich zugleich des festen Glaubens, daß alles noch gut werden wird und daß die jetzige Zeit für mich nicht vergeblich gewesen ist. Ich habe aus meiner unruhigen Hast und Beschäftigung mich wieder zur Ruhe und Konzentration gewöhnt; wie wohltuend ist es doch, solch ein Werk wie Delbrück ganz richtig und systematisch

---

1 Christine hatte einen Unfall gehabt.

durchlesen zu können; zwar bringe ich meist nie mehr als 80 Seiten am Tage fertig, oft nur 50–60, aber das genügt schon; dazu die täglichen 1–2 Spaziergänge bis zu einer Stunde, etwas Geige, Lesen im Alten Testament – z. Zt. Psalmen hintereinander – oder in Marc Aurels sehr schönen Betrachtungen, gelegentlich auch noch Gottfried Keller und regelmäßig die Zeitung –, so vergeht der Tag ganz gut und schnell. Im Bett lieg ich meist ab 8 Uhr (oder noch früher) bis 6 1/2, also Zeit und Ruhe genug trotz der unterbrechenden Alarme. – Mit dem Essen hier ist es jetzt sehr knapp geworden, und leid tun kann einem, wer nur auf das Hiesige angewiesen ist. Hab Dank für Deine ganz wundervollen Essen, die nicht besser und reichlicher sein könnten; sei nur vorsichtig, daß Ihr auch genug behaltet. – Hans Walters Brief ist übrigens ganz reizend und zeugt von großer Reife; grüße ihn nur von ganzem Herzen ... Hoffentlich muß Dorothee nicht einrücken; ich nehme aber an, daß nun soviele Arbeitskräfte an anderer Stelle freigeworden sind, daß man nicht auf 16jährige zurückgreifen wird.

Du selbst laß Dich zärtlich umarmen, grüße auch Tine besonders.

Dein Mann.

# KLAUS BONHOEFFER

Am 5. Januar 1901 in Breslau geboren – 1918 als Siebzehnjähriger an der Westfront – Nach juristischen Studien in Tübingen und Heidelberg Promotion in Berlin – Aufenthalte zum Studium des internationalen Rechts in Genf, Amsterdam und in England – 1930 Heirat mit Emmi Delbrück, zu gleicher Zeit Niederlassung als Rechtsanwalt in Berlin – Syndikus, schließlich Chefsyndikus der Deutschen Lufthansa – Frühzeitige Kontakte im politischen Widerstand – Am 1. Oktober 1944 verhaftet – Am 2. Februar 1945 zum Tode verurteilt – Am 23. April 1945 erschossen.

## Mitteilungen

*Klaus Bonhoeffer, geboren am 5. Januar 1901 in Breslau, war das dritte von acht Kindern. Sein Vater, der Psychiater Karl Bonhoeffer, leitete damals die Beobachtungsstation für geisteskranke Gefangene an der dortigen Strafanstalt. – Seine Mutter war eine Tochter des Potsdamer Hofpredigers und späteren Breslauer Theologieprofessors Karl Alfred von Hase. Sie hatte ihr Lehrerinnen-Examen gemacht (das galt damals als emanzipiert) und hat allen acht Kindern die ersten drei Schuljahre erspart, indem sie sie selbst – jeweils mit einigen Nachbarskindern – unterrichtete.*

39

Der älteste Bruder Karl-Friedrich, der Physikochemiker, hat 1953 folgendes über Klaus aufgeschrieben:

»Als mein Bruder Klaus drei Jahre alt war, schrieb unser Vater in sein Jahrbuch: ›Klaus ist ein bedächtiger, ruhiger, realistischer Beobachter ... ein drolliger, dicker Bengel‹ und später ›Klaus macht sich seine eigenen Gedanken‹ oder nach weiteren Jahren ›ist noch immer Philosoph und bedenkt sich die Probleme des Lebens.‹ – Inmitten des Gedränges seiner 2 älteren und 5 jüngeren Geschwister, mit denen er aufwuchs, schuf er sich frühzeitig eine Welt für sich, lernte stricken, bastelte sehr geschickt, fand Spaß am Mikroskopieren und photographierte eine Zeit lang mit Eifer. Er galt als der Musikalischste von uns Kindern, spielte für einen Jungen seines Alters gut Cello und hat noch später als reifer Mann gern in seiner Familie mit seinen Kindern musiziert. Voll von gutem Humor und originellem Schabernack hatte er doch eigentlich kein leichtes Temperament. Die Liebe unserer Mutter wandte sich ihm daher in besonderer Weise zu, und er hing ebenso fest an ihr. So gutherzig er war, so widerspenstig konnte er sein, wenn er falsch angepackt wurde. Seine Lehrer und Vorgesetzten hatten oft einen schweren Stand mit ihm. Unmöglich war es ihm, sich dem Willen eines subalternen Geistes zu fügen. Er hat als Schuljunge und später im Leben bis zu seinem Ende den Kampf nicht gescheut, der sich daraus immer wieder für ihn ergab. Ich habe keinen Menschen kennen gelernt, der sich so wenig wie er den Blick für menschliche Qualität durch Alter oder Rang trüben ließ. Es war daher selbstverständlich, daß er den aufziehenden Nationalsozialismus in seiner Niveaulosigkeit durchschaute und, als dieser an der Macht war, von ihm nicht eingeschüchtert oder verblüfft wurde.

Mit sechzehn, siebzehn Jahren begannen meinen Bruder diejenigen Interessen zu ergreifen, die seinem späteren Leben Inhalt gaben, – die Probleme des Zusammenlebens in der menschlichen Gesellschaft. Noch als Schuljunge besorgte er sich von Marx das ›Kapital‹ und verwandte viel Zeit und Mühe auf sein Studium. Später waren es Max Webers ›Religionssoziologie‹, Tönnies' ›Gemeinschaft und Gesellschaft‹, Kropotkins ›Gegenseitige Hilfe in der Entwicklung‹, die ihn z. B. beschäftigten, und die ich als älterer Bruder durch ihn kennen lernte. In seinen soziologischen Interessen ergaben sich auch Berührungspunkte mit seinem Theologie studierenden jüngeren Bruder Dietrich, der damals an seiner ›Communio Sanctorum‹ (1927) arbeitete. – Bei seinem juristischen Studium waren es nicht die formalen und begrifflichen Konstruktionen, die meinen Bruder Klaus fesselten, sondern die menschlichen und sozialen Funktionen des Rechts. Wieweit das in seinen Schriften über das Betriebsrätegesetz und die ›Meistbegünstigung im modernen Völkerrecht‹ (1930) zum Ausdruck kommt, weiß ich nicht; sicherlich aber in dem Aufsatz über die ›Grundformen des Rechts‹ in den ›Weißen Blättern‹ (1942) trotz der damals notwendigen Tarnung. Er war ein Mann von leidenschaftlichem Gerechtigkeitssinn. Das trieb ihn in den Konflikt.

Je älter er wurde, umso mehr weiteten sich seine Interessen. Er benutzte jede sich bietende Gelegenheit, das Ausland kennen zu lernen, und wußte in ungemein lebendiger Weise von seinen Reiseerlebnissen und dem Leben fremder Völker zu erzählen. Von Finnland bis Nordafrika, von England bis Griechenland und zur Türkei haben ihn seine Studien- und Berufsreisen, oft unter primitivsten Bedingungen, geführt; aber seine Liebe gehörte den Ländern der lateinischen Kultur, Frankreich, Italien und Spanien, und der französischen Sprache. Eine ungewöhnliche Freude hatte er daran, schöne und charakteristische Stücke der Kunst und Geschichte zu entdecken und zu sammeln. Waren es in erster Linie menschliche und kulturelle Dinge, die ihn auf seinen Reisen interessierten, so wuchs ihm dabei doch auch der Blick für Deutschlands außenpolitische Möglichkeiten, und er erkannte die Verblendung der zur Macht strebenden nationalistischen Bewegung.

Der Freund seines Lebens war Justus Delbrück, dessen jüngere Schwester Emmi, seine Jugendliebe, er heiratete. Er war ein rührender Vater seiner Kinder und kümmerte sich intensiv um deren Erziehung. In ruhigen Zeiten wäre er niemals in die Politik gegangen. Er war Zeit seines Lebens zu sehr Philosoph geblieben, um von äußerem Ehrgeiz geplagt zu sein. Auch stand ihm das Wort der freien Rede nicht leicht zur Verfügung. Aber er konnte nicht tatenlos mitansehen, wie alles, was ihm das Leben lebenswert machte, Recht, Kultur und Ehre seines Volkes von einer minderwertigen Schicht von Emporkömmlingen geschändet wurde, und so beteiligte er sich an den Vorbereitungen zum Sturz Hitlers. Durch Beziehungen, die er über seinen Schwager Hans v. Dohnanyi zu Beck und Goerdeler, über den Vetter seiner Frau, Ernst von Harnack, zu Männern der Sozialdemokratie und alten Gewerkschaften, durch unsern Bruder Dietrich zur Bekennenden Kirche und Ökumene, durch Otto John zum Prinzen Louis Ferdinand hatte, schuf er systematisch wichtige Querverbindungen der verschiedenen Widerstandsgruppen.

Als er seine Verhaftung bevorstehen sah, floh er nicht, um Verwandte und Freunde nicht zu belasten. Im Bewußtsein eines guten Kampfes ertrug er die Foltern der Gestapo. Zum Tode verurteilt, sagte er mir bei einem Besuch im Gefängnis, er brauche dort nichts weiter, er habe ja die Matthäus-Passion bei sich; und als ich meinte, es sei doch schön, daß er bei der Lektüre die Musik hören könne, sagte er: ›Ja, aber auch der Text! der Text!‹

Auf seinem Grab im Dorotheenstädtischen Friedhof in Berlin, wo er mit einer Reihe von Mitgefangenen und vielen Opfern der letzten Kriegstage ruht, liegt ein Stein mit den Worten ›Selig sind, die um Gerechtigkeit willen verfolgt werden, denn das Himmelreich ist ihr‹.«

Diesem Bild aus der Feder des älteren Bruders, das in seiner Wärme und gleichzeitigen Nüchternheit für den Schreiber so charakteristisch ist wie für den Beschriebenen, möchte ich nur wenig hinzufügen.

Nachdem der Vater 1912 einem Ruf an die Berliner Charité gefolgt und die Familie 1918 aus der Stadt in die Wangenheimstraße im Grunewald gezogen war, wurden wir Nachbarn. Wir Delbrücks waren sieben Geschwister, und bald entstanden Freundschaften beim Wandern, Schlittschuhlaufen und beim Musizieren. Klaus mit dem Cello, sein fünf Jahre jüngerer Bruder Dietrich am Klavier und ich mit der Geige, eroberten wir uns die Wege in die klassische Kammermusik. Bald erweiterte sich der Kreis durch den neuen Schwager Rüdiger Schleicher als Geiger und meinen Vetter Ernst v. Harnack als Flötisten. Ich erwähne das, weil diese Musikabende später die Tarnung für viele konspirative Treffen wurden.

1920/21 studierte Klaus mit meinem Bruder Justus gemeinsam in Tübingen und Heidelberg Jura. Sie wanderten viel. Klaus sagte damals mit Bezug auf Justus: »Verstand und Charakter wachsen so selten auf einem Ast.« Ein leidenschaftliches und ein kontemplatives Temperament hatten sich gefunden.

Mit Entsetzen beobachteten beide in diesen Jahren die unvermindert reaktionären Tendenzen bei Studenten und bei Professoren, vor allem das Verhalten der Studenten, wenn ein Dozent es wagte, einmal etwas Positives über die junge Republik zu sagen. Einem Korpsstudenten der »Schwaben« wurde verboten, seine jüdischen Freunde zu grüßen (Heidelberg 1921). Klaus' Briefe nach Hause und an seinen späteren Schwager Hans v. Dohnanyi enthalten düstere Prognosen für die politische Zukunft Deutschlands und bereits die Ahnung, man werde gemeinsam dagegen zu handeln haben.

Diese Briefe spiegeln aber auch die Fülle dessen, was er unterwegs aufnahm, und welche Abenteuer ihm zustießen. Von Genf aus, wo er sich beim Völkerbund orientierte, besuchte er seinen Bruder Dietrich in Spanien. Auf dem Trödelmarkt in Madrid fand er einen signierten ›Picasso‹ für wenige Peseten. Die Echtheit des Bildes wurde dann von Experten tatsächlich bestätigt. Später drohte er Dietrich einmal, er bekomme keine Post mehr von ihm, wenn er fortfahre, den Stierkampf schlecht zu machen.

Zum Zeitpunkt unserer Heirat 1930 wurde Klaus Rechtsanwalt in Berlin, später Syndikus, schließlich Chefsyndikus der

Deutschen Lufthansa AG. – Sein unentbehrlicher Helfer, besonders bei den bald einsetzenden politischen Aktivitäten, dem Auffinden und Zusammenführen Gleichgesinnter, dem Planen und Vorantreiben war damals Dr. Otto John. Dessen Bruder Hans John war später Assistent bei Rüdiger Schleicher im Institut für Luftrecht der Universität.

Indessen wurde das Netz um den Bürger immer enger gesponnen durch den Ausbau der Geheimen Staatspolizei mit Brief- und Telefonkontrollen, Blockwartsbesuchen etc., sodaß die ganze Arbeit sich nur noch nachts und getarnt abspielen konnte. (Ich erinnere mich, daß wir einmal ein halbes Monatsgehalt für 1 Pfund Kaffe ausgegeben haben.) Darum ist das heute übliche Wort »Widerstandsbewegung« irreführend. Von »Bewegung« mit Demonstrationen, aufklärenden Artikeln, Aufrufen, Informationen etc. konnte ja keine Rede sein.

Wir wußten mehr über Rechtsbrüche und Greueltaten der Nationalsozialisten als andere durch Hans v. Dohnanyis Stellung beim Justizminister. Aber Klaus verwies mir energisch, diese Kenntnis zu verbreiten, weil das nur unsere Verhaftung bewirken würde: »Versteh bitte, eine Diktatur ist eine Schlange. Wenn du ihr auf den Schwanz trittst, beißt sie dich. Du mußt den Kopf treffen, und das kann nur das Militär, denn es hat den Zugang zu Hitler und die Waffen. Das Einzige, was zu tun Sinn hat, ist, die Militärs zu überzeugen, daß sie handeln müssen.« Diesem Ziel galt seine ganze Arbeit, wie sie sein Bruder Karl-Friedrich beschrieben hat. Es galt aber gleichzeitig, das »Nachher« vorzubereiten. Die verschiedenen gesellschaftlichen Gruppen mußten im gegebenen Moment, d. h. nach einem geglückten Attentat auf Hitler, koordiniert handeln können. Es ging um den Versuch, der zögernden Generalität das militärische Handeln politisch zu ermöglichen. Aber die Hoffnungen trogen immer wieder.

In der Novembernacht 1938, als die Synagogen brannten, sah er einen General mit breiten roten Streifen an der Hose, der wegschaute und vorbeiging. Bevor er mir das erzählte, fragte er mich in verzweifelter Bitterkeit: »Was ist das: kleiner Kopf, großer Schnabel, lange rote Beine, steht mit den Füßen im Sumpf?« – »Ein Storch?« – »Ein deutscher General!«

Unter dem Eindruck der Rechtsbrüche Hitlers, die von den Bürgern schlicht hingenommen wurden, entwarf er ein Schulbuch über Grundbegriffe des Rechts. Das Manuskript ist in einer Bombennacht mit allem übrigen verbrannt.

Am 5. April 1943 wurden Hans v. Dohnanyi, seine Frau Christine (Klaus' Schwester) und Dietrich, der jüngere Bruder, verhaftet und entfielen für die Mitarbeit. Damit steigerten sich die Erregung und die Aktivitäten von Klaus aufs äußerste. Die Hoffnung auf ein endliches Handeln der Generale war Lebensatem. Am 20. Juli 1944 versuchte es schließlich Stauffenberg – und scheiterte.

Am 1. Oktober 1944 wurde Klaus im Haus seiner Schwester Ursula Schleicher verhaftet, während ich mit den Kindern wegen der Bomben in Holstein bei Verwandten war. Wir hätten ihn dort bei einem Fischer verstecken können. Er wollte es nicht, weil er fürchtete, man würde dann seine Eltern oder die Kinder und mich als Geiseln nehmen.

Am 2. Februar 1945 wurde er zusammen mit seinem Schwager Schleicher und Hans John zum Tode verurteilt. Am Abend dieses Tages sah ihn Justus, der seine Zelle auf dem dritten Flur hatte, als die Häftlinge zur Essensausteilung in den geöffneten Türen ihrer Einzelzellen hervortraten. Mit Blick und jener Haltung, die mehr sagt als Worte, grüßte Klaus zu ihm hinauf.

Am 23. April ermordeten sie ihn, zusammen mit Rüdiger Schleicher, Hans John, Justus Perels und anderen. Justus Delbrück sah die Freiheit wieder – für drei Wochen. Dann holten ihn die Russen in ein Untersuchungslager nach Lieberose in der Lausitz. Dort starb er ein halbes Jahr später an Diphtherie.

*Emmi Bonhoeffer*

Lieber Walter[1],
ich danke Dir sehr für Deinen Brief, den Du Mama diktiert hast. Bei Euch ist es sicher sehr schön, und ich freue mich schon sehr darauf, Euch zu besuchen. – Wo bist Du lieber, im Walde oder an der See? Warst Du schon mit den Füßen im Wasser? Hast Du mal den Fischern zugeguckt, wenn sie die Fische bringen? Frieren die Fische eigentlich im Wasser, wenn im Winter nicht geheizt wird? Sind sie eigentlich im Wasser, weil sie solchen Durst haben? Du mußt in den Knicks nach den Vögeln schauen. Dort habe ich viele Neuntöter gesehen. Wenn die mehr Käfer töten, als sie fressen können, spießen sie sie auf Dornen im Busch auf. So haben sie eine Speisekammer, das habe ich schon manchmal gesehen. Hier im Garten ist es jetzt sehr schön. Es gibt sehr viele Erdbeeren und Kirschen. Leider fressen die Drosseln soviel Kirschen. Die singen aber morgens und abends so schön, vielleicht ein Lied vom Kirschbaum. Da will ich ihnen nichts tun. Singst Du denn auch neue schöne Lieder? Singt Ihr jeden Abend? – Ich glaube fast, daß Ihr zu Weihnachten alle wieder hier seid. Vorher ist aber noch Dein Geburtstag. Da kann man noch nicht wissen, ob der Krieg dann schon zu Ende ist. – Nun grüße Mama, T. Lotta[2], Thomas und Cornelie[3] und auch Deinen Freund und seine Mutter. Schreib mir bald wieder.

Herzlichst Dein Papa

[Berlin, Alte Allee 11] Mercredi 21.VII.44.

Mon cher Thomas!
Je te remercie beaucoup de ta lettre en langue française, qui m'a fait grand plaisir. Je t'envoi une lettre de Margot ci-jointe,

---

1 Sohn Walter.  2 Lotta Carriere.  3 Sohn und Tochter.

à laquelle tu dois répondre. Malheureusement j'y vois des germanismes que tu ne dois pas imiter. Ton école paraît être très amusante. En tout cas le professeur ne peut pas s'endormir en donnant des leçons à plusieurs classes à la fois. Si tu es à la hauteur du niveau exigé c'est un avantage. Moi je me rappèlle bien des leçons, pendant lesquelles j'aurais désiré un professeur moins vif, mais comme je l'ai dit, ça dépend. Maman m'a écrit que tu as eu un duel avec un camarade. J'espère bien, que tu lui a donné une belle raclée. On ne peut pas être toujours le plus fort, – ça serait même ennuyant, mais le moment donné l'energie et la force morale produisent souvent des miracles. – Je t'envoie une série de timbres postales d'aviation. Peut-être tu sais quelqu'un à qui tu peux en faire un plaisir. Moi personnellement, je trouve les collections de timbres embêtant, mais à chacun ses bêtises!

J'espère bien bientôt venir vous voir pour quelques jours. Alors nous allons faire de la musique.

Peut-être qu'on peut oublier pour peu de temps les misères de nos jours ici à Berlin.

Bien des choses                                          Papa.


Jeudi 3 heures du matin. Nous venons de passer encore une alerte. Tout va bien.



[Berlin, Alte Allee 11, undatiert, 21. oder 22. August 1944]

Liebste Emmi, die Tage bei Dir und den Kindern waren wie ein schöner Traum, der mir noch manche Stunde aufhellen wird, wenn ich daran zurückdenke. Die vielen guten Freunde, die Ihr dort habt, sind mir eine große Beruhigung. – Die Reise verlief leidlich. Jetzt atme ich wieder die würzige Berliner Luft. Ich ging gleich zu Ursel, der die Bohnen sehr willkommen waren. Rüdiger hatte gerade wieder – nach seinem Krankheitsurlaub, – den Dienst aufgenommen. Er ist jetzt ohne Hilfskraft im Institut, da man den armen Teufel ins Sanatorium bringen mußte[1]. Butzes Vater jetzt auch[2]. Die arme Agnes[3] hat ihren Mann verloren. Er bekam einen Schlaganfall. Seit seiner Ausbombung war er nicht mehr auf dem Posten. Die Eltern habe ich noch nicht gesehen. Papa hatte einen Fieberanfall. Morgen kommen sie aus Sakrow[4] zurück. Ihr Zustand beunruhigt mich etwas. Wir müssen daran festhalten, daß denen, die Gott lieben, alle Dinge zum Besten dienen. Drum seid und bleibt heiter, so wie Dein Bruder es jetzt hält. Vielleicht ist Euch dazu die Musik geschenkt. Singt und dankt, daß Ihr das Schicksal recht versteht. – Es ist nicht ausgeschlossen, daß ich meinen Urlaubsrest nach Absolvierung der Sitzungen anschließe und nochmal komme. Ich kann es noch nicht übersehen.

Lebt wohl! Küsse die Kinder! Danke Lotta für ihre Freundschaft. Dich umarmt Dein Klaus.

Sei recht vorsichtig mit den Kindern. Frau T. geht etwas auf Urlaub. Ich werde dann vielleicht für die Zeit auch umziehen. Adressiere die Post an Frl. Frank[5].

[Berlin, Alte Allee 11]
Freitag, 8. Sept. 44

Liebste Emmi,
vielen Dank für Deinen Brief vom Hochzeitstag. Diese 14 Jahre sind schon sehr anders verlaufen, als wir glaubten wünschen zu sollen. Es wurden andre Seiten des Lebens, die unser Glück bedeuteten. Welche Aufgaben! Welche Einsichten in

---

1 Verhaftung von Hans John.
2 Verhaftung von Justus Delbrück am 20.8.44.
3 Agnes v. Zahn-Harnack.
4 Von Dohnanyis.
5 Frau Prof. Curtius.

das Wesentliche! Früher meinte man, den Kindern ein ›Vorbild‹ sein zu müssen, eine Rolle, an die ich selbst nie recht geglaubt habe, eben eine Rolle, die von denen am liebsten gespielt wird, denen sie am schlechtesten steht. Heute können wir den Kindern etwas sein, auch unvorbildlich, angeschlagen, weil wir etwas erlebt haben und dadurch den Grund gefunden haben.

Von hier nichts Neues. Ich gehe in den Dienst, im übrigen ab und zu kurz in den Wald und hole tief Luft. Abends besuche ich meist noch kurz die Eltern, die beide recht erschöpft sind. Von Hans ist es kaum möglich, Nachricht zu bekommen, aber er liegt in einer Krankenabteilung. Christel ist natürlich sehr beunruhigt. Susi wird morgen an der Brust operiert. Es scheint nichts Bösartiges zu sein. Ich sagte ›nichts Neues‹. Die Maßstäbe haben sich eben verändert.

Grüße die Kinder. Es küßt Dich

Dein Klaus.


[Genehmigter Brief]          [Gefängnis Lehrter Straße 3]
                              März 1945.


Liebe Cornelie!

Du hast mir einen so hübschen Kalender gemacht. Auch Dein Buchzeichen gefällt mir sehr gut. Es sind wohl Deine schönsten Märchenbilder, die Du darauf geklebt hast. Immer wenn ich nun mein Buch aufschlage, denke ich, was macht wohl jetzt meine Cornelie. Macht sie Schularbeiten, hilft sie im Haus, oder geigt sie gerade? Dann sind meine Gedanken bei Euch und wollen sich nicht trennen, so wie man sich von einem schönen Traum nicht losreißt. Das ist dann viel schöner als Lesen. So ein Buchzeichen hast Du mir gemacht!

Den ganzen Winter haben mich an meinem Fenster Spatzen besucht. Jetzt singt draußen morgens und abends schon eine Drossel. Auf meinem Tisch stehen Kätzchen, die mir Mama gebracht hat. Nach dem unbehaglichen Winter werdet Ihr

Euch vielleicht zum ersten Mal richtig auf den Frühling freuen. Mach nur die Augen auf und sieh, wie es sich im Unscheinbaren überall zu regen beginnt. Das ist die geheimnisvolle Zeit. Dann plötzlich kommt es mit Macht auch über uns, das neue Leben mit Freude und neuem Mut. Nehmt es nur so hin und genießt es mit frohem Herzen. Es ist ein Geschenk des Himmels. Denk Dir, es gibt Länder, die kennen den Frühling nicht. Da sind die Menschen auch anders.

Wenn Du so gern bei Tante E.[1] bist, fange doch auch an, zu zeichnen. Wenn sie Dir erst mal zeigt, was Du falsch machst, wird es bald besser und macht Freude. Du kannst ja Mama damit zum Geburtstag überraschen. Die Augen gleiten so leicht über Schönes hinweg. Ich freue mich jetzt hier sogar an dem Blick auf die Gefängnismauer. Die oberen Backsteine glühen zart in der Morgensonne und abends sind sie der ernste Vordergrund einer fernen Welt. Ein Stern leuchtet freundlich darüber. Dann schwinden alle düsteren Gedanken wie Nebel und in diesem Frieden pfeife ich vor mich hin in glücklicher Erinnerung und Sehnsucht. Könnte ich es doch aus Herzenslust und Dankbarkeit wie eine Nachtigall. Ja, liebes Kind, lerne recht geigen! Du wirst noch sehr glücklich sein, wenn Du Dich dort ausdrücken kannst, wo Worte nicht hinreichen.

Hier besucht mich jetzt Mama einmal in der Woche und täglich schickt sie mir etwas Essen in meine Zelle mit einem schönen Gruß. Hoffentlich wirst Du auch mal so tapfer und fest im Glauben auch in schwersten Zeiten. Du hast einen so schönen Namen. Laß Dir einmal erzählen von der edlen Römerin Cornelia.

Nun lebe wohl, meine zärtliche Cornelie. Betet, daß Gott uns in dieser Not Kraft gibt. Schön, daß Ihr auch in den Psalmen lest. Die bittere Passionsgeschichte und vom Ostersonntag werdet Ihr auch gelesen haben. Grüße Tante L. herzlich. Dich, Thomas und Walter küßt

Euer Papa.

---

1 Elke Wulk.

[Genehmigter Brief]                    [Berlin, Lehrter Str. 3]
                                                    31.3.45
Liebe Eltern!

Ich richte diesen Brief zu Papas Geburtstag an Euch beide. Die Wünsche, die nie so brennend waren, wie in diesem Jahr, gelten Euch gemeinsam. Es sind die Wünsche der ganzen Familie. Die Hoffnung, daß wie durch ein Wunder die Familie ganz unversehrt aus dem großen allgemeinen Unglück hervorgeht, wage ich fast nicht auszusprechen. Es geht ja längst wie eine Naturkatastrophe über die Menschen hinweg und die Natur ist verschwenderisch. Ich glaube aber, daß das Ungewitter über unserem Hause bald vorübergeht. Die Verfolgungen werden ein Ende haben und den Überlebenden wird es sein wie den Träumenden. Daß dieser Frieden Euch noch lange nach allem Kummer wohltut und daß Ihr ihn noch recht genießt, ist mein Wunsch und meine Bitte.

Die Gewißheit, daß Euch allen ein neues Leben wieder beginnt, ist so schön. Auch mein Schicksal kann sich wohl noch plötzlich wenden. Ich bin aber darauf gefaßt, daß mein Leben bald abläuft. Diese beiden Möglichkeiten scheinen so denkbar weit auseinanderzuliegen, daß ich als Mensch von Fleisch und Blut mich doch immer wieder umstelle und unter dem Eindruck dieser ersten Frühlingstage auch in schwachen Stunden schwanke. Aber ich will ja nicht nur leben, sondern mich eigentlich erst einmal auswirken. Da dies nun wohl durch meinen Tod geschehen soll, habe ich mich auch mit ihm befreundet. Bei diesem Ritt zwischen Tod und Teufel ist der Tod ja ein edler Genosse. Der Teufel paßt sich den Zeiten an und hat wohl auch den Kavaliersdegen getragen. So hat ihn dann die Aufklärung idealisiert. Das Mittelalter, das auch von seinem Gestank erzählte, hat ihn besser gekannt.

Es ist jedenfalls eine sehr viel klarere Aufgabe zu sterben, als in verworrenen Zeiten zu leben, weshalb seit je die glücklich gepriesen wurden, denen der Tod als Aufgabe bestimmt war. Wenn ich an Walters[1] Grab stand, ist er mir immer mit seiner

---

1 Bruder, 1918 gefallen.

klaren Lebenslinie und seinem frühen Ende als ein glücklicher Mensch erschienen. Sollte ich noch gerettet werden, so werde ich als freierer Mensch dem Leben gegenüberstehen. Wie es nun auch kommen mag, ein gemeines Schicksal ist mir erspart. Das versteht Emmi und wird wohl auch den Weg der Kinder zeichnen. Ihnen wünsche ich, daß sie einmal so dankbar auf ein schönes und reiches Leben zurückschauen können, wie ich jetzt. Es ist das Leben, das ich Euch verdanke in seinem Reichtum durch die große Familie und in der Richtung auf das Wesentliche, das mir über diese Zeit hinweghilft. Ich wünschte sehr, daß die Kinder, die ja inzwischen wieder größer geworden sind, Euch recht kennen lernen würden und nahe kämen; aber ich will in die unübersehbare Zukunft nicht mehr eingreifen, um keine Bindungen zurückzulassen. Es ist für mich eine große Beruhigung, daß Emmi in dieser schweren Lage so tapfer ihren Mann steht.

Hoffentlich kommt nun doch von Tante Elisabeth[2] eine Nachricht. Ich habe ja zu ihr eigentlich eine besondere Beziehung gehabt, die auf dem Erlebnis Italien beruhte. Obwohl wir nie zusammen dort waren, haben wir doch wohl meist, wenn wir uns sahen, irgendwie davon gesprochen. Ihre ästhetischen Bildungsgrundlagen und Formen stammten noch aus der Zeit des Urgroßvaters. Sie wirkten auf sie, als nicht aktivem Menschen, als Nachklang fort.

Nun lebt wohl, lieber Papa und liebe Mama. Wir wollen aus diesen Ostertagen neue Hoffnungen schöpfen, daß dieses Jahr den äußeren und seelischen Frieden bringt. Euch umarmt Euer dankbarer und glücklicher

Klaus.

P.S. Sagt doch allen Geschwistern, Neffen und Nichten einen herzlichen Ostergruß.

---

2 Elisabeth v. Hase, Schwester der Mutter, die beim Luftangriff auf Dresden ums Leben kam.

[Berlin, Lehrter Str. 3]
Ostern 1945.

Mein lieben Kinder!
Ich werde nicht mehr lange leben und will nun von Euch Abschied nehmen. Das wird mir sehr schwer; denn ich habe jeden von Euch so sehr lieb und Ihr habt mir nur immer Freude
gemacht. Ich werde nun nicht mehr sehen, wie Ihr heran-
wachst und selbständige Menschen werdet. Ich bin aber ganz
zuversichtlich, daß Ihr an Mamas Hand den rechten Weg geht
und dann auch von Verwandten und Freunden Rat und Bei-
stand finden werdet. Liebe Kinder, ich habe viel gesehen und
noch mehr erlebt. Meine väterlichen Erfahrungen können
Euch aber nicht mehr leiten. Ich möchte Euch deshalb noch
Einiges sagen, was für Euer Leben wichtig ist, wenn Euch
auch manches erst später aufgehen wird.
Vor allem haltet weiter in Liebe, Vertrauen, Ritterlichkeit
und Sorge fest zu Mama, so lange Gott sie Euch erhält. Denkt
immer, ob Ihr ihr nicht irgendeine Freude machen könnt.
Wenn Ihr einmal groß seid, wünsche ich Euch, daß Ihr Eurer
Mutter so herzlich nahe bleibt, wie ich meinen Eltern nahe
geblieben bin. So recht versteht man seine Eltern nämlich
erst, wenn man selbst erwachsen ist. Ich habe Mama gebeten,
bis zum Ende bei mir zu bleiben. Es waren schwere, aber
herrliche Monate. Sie waren auf das Wesentliche gerichtet
und von der Liebe und der starken Seele Eurer Mutter getragen. Ihr werdet das erst später verstehen.
Haltet auch Ihr Geschwister fest und immer fester zusammen. Daß Ihr so verschieden seid, ist jetzt noch manchmal
der Anlaß zum Zank. Wenn Ihr erst älter seid, werdet Ihr dafür Euch um so mehr geben können. Mal ein Zank ist nicht so
schlimm. Tragt ihn aber nicht mit Euch herum. Denkt dann
an mich und gebt Euch schnell wieder vergnügt die Hand.
Helft Euch, wo Ihr könnt. Ist einer traurig oder mißmutig,
kümmert Euch, bis er wieder heiter ist. Lauft nicht auseinan-
der. Pflegt, was Euch zusammenführt. Spielt, singt und tanzt

miteinander, wie wir es so oft gemacht haben. Schließt Euch mit Euren Freunden nicht ab, wenn Ihr die Geschwister teilnehmen lassen könnt. Das festigt auch die Freundschaft.

Ich trage an meiner rechten Hand den Ring, mit dem mich Mama glücklich gemacht hat. Es ist das Zeichen, daß ich ihr und auch Euch gehöre. Der Wappenring an meiner Linken mahnt an die Familie, der wir angehören, an die Vor- und Nachfahren. Er sagt: Höre die Stimme der Vergangenheit. Verliere dich nicht selbstherrlich an die flüchtige Gegenwart. Sei treu der guten Art deiner Familie und überliefere sie Kindern und Enkeln. Liebe Kinder, versteht nun diese besondere Verpflichtung recht. Die Ehrfurcht vor der Vergangenheit und die Verantwortung gegenüber der Zukunft geben fürs Leben die rechte Haltung. Haltet stolz zu Eurer Familie, aus der solche Kräfte wachsen.

Stellt Ansprüche an Euch und Eure Freunde. – Nach Anerkennung streben macht Euch unfrei, wenn Ihr sie nicht mit Anmut auch entbehren könnt, und das gelingt nicht jedem. Hört nicht auf billigen Beifall.

Die Menschen, die Euch sonst begegnen, nehmt, wie sie sind. Stoßt Euch nicht gleich an dem, was fremd ist oder Euch mißfällt und schaut auf die guten Seiten. Dann seid Ihr nicht nur gerechter, sondern bewahrt Euch selbst vor Engherzigkeit. Im Garten wachsen viele Blumen. Die Tulpe blüht schön aber duftet nicht und die Rose hat ihre Dornen. Ein offenes Auge aber freut sich auch am unscheinbaren Grün. So entdeckt man bei den Menschen meist verborgene erfreuliche Seiten, wenn man sich erst einmal in sie hineinversetzt. Wer nur mit sich beschäftigt ist, hat dafür keinen Sinn. Glaubt mir aber, liebe Kinder, das Leben erschließt sich Euch erst dann im kleinen Kreise und im Großen, wenn Ihr nicht nur an Euch, sondern auch an die andern denkt, sie miterlebt. Wer beim Musizieren sich nur an seine Stimme klammert oder gar nur sich selbst hören will, dem entgeht das Ganze. Wer es aber recht erfüllt, lebt auch beim edlen Verklingen seines Instruments mit in den andern Stimmen. Wenn Ihr Euer Leben so einstellt, wird es von diesem weiteren Geiste ganz und gar durchdrungen. Es geht nicht nur darum, hin und wieder hilfsbereit einzuspringen. Das macht gewiß viel Freude. Wer aber herzlich dankbar annimmt, gibt oft mehr. Den Menschen gerecht zu werden, gehört dazu und wohlwollend an ihnen teilzunehmen, nie Spielverderber zu sein. Aus diesem Geiste entspringt dann ganz natürlich als Form des Umgangs auch die Höflichkeit, die Euch die Menschen gewinnt. Pflegt sie als feine, lebenskluge Kunst des Herzens. – Wer es versteht, die Menschen, die von Macht und Einfluß sind, recht zu nehmen, ohne an innerer Freiheit einzubüßen, kann damit viel Gutes wirken. Es wäre töricht, seine Weltgewandtheit zu verachten. Ist sie Euch nicht gegeben, so haltet Euch in aller Unbefangenheit zurück. Doch das hat lange Zeit. Nur weil ich dann nicht mehr bin, spreche ich jetzt davon.

Hoffentlich lassen die Verhältnisse Euch die Ruhe und eine lange Zeit, einen jeden in seiner Art geistig auszuwachsen und noch viel zu lernen, damit Ihr einmal an dem unerschöpflichen Glück einer lebendigen Bildung teilhabt. Sucht aber nicht den Wert der Bildung in den höheren Leistungen, zu denen sie Euch befähigt, sondern darin, daß sie den Menschen adelt durch die innere Freiheit und Würde, die sie ihm verleiht. Sie weitet Euch den Horizont von Raum und Zeit. Die Berührung mit dem Edlen und Großen veredelt Anstand, Urteil und Gefühl und entzündet die nie erlöschende Begeisterung, die kein dürftiges Alltagsleben kennt. So werdet Ihr Könige! Beherrscht nun auch Euch selbst. Entwickelt Eure Gaben aus dieser Kraft zum Können und zur Tüchtigkeit. Wenn dann die Zeit Euch hold ist, wird sie den Menschen und nicht nur die Leistung schätzen.

Ich wünschte Euch, daß Ihr, solange Ihr jung seid, recht viel im Lande wandert und es in vollen Zügen und mit offenen Sinnen in Euch aufnehmt. Beim Wandern hat man noch die rechte Muße, sich der Landschaft und den Eindrücken von Menschen, Dörfern und den schönen alten Städten ganz zu überlassen. Wenn dann beim Wandern und bei Liedern die

Phantasie von unseren Tagen in vergangene Zeiten schweift, entsteht vor Euch versonnen, unergründlich das Bild vom schönen deutschen Lande, in dem sich unser eigenes Wesen findet. Dann wendet Euch nach Süden. Im nie erfüllten, sehnsuchtsvollen Drange nach besonnter Klarheit liegt unsere Kraft und unser Schicksal.

Die Zeiten des Grauens, der Zerstörung und des Sterbens, in denen Ihr, liebe Kinder, aufwachst, führen den Menschen die Vergänglichkeit alles Irdischen vor Augen; denn alle Herrlichkeit des Menschen ist wie des Grases Blume. Unter diesem Erlebnis führen wir unser Leben im Bewußtsein seiner Vergänglichkeit. Hier beginnt aber alle Weisheit und Frömmigkeit, die sich vom Vergänglichen dem Ewigen zuwendet. Das ist der Segen dieser Zeit. Überlaßt Euch nun nicht allein den frommen Stimmungen, die solche Erschütterungen hervorrufen oder die in der Hast und Verwirrung dieser Welt aus einem Gefühl der Leere ab und zu hervorbrechen, sondern vertieft und festigt sie. Bleibt nicht im Halbdunkel, sondern ringt nach Klarheit, ohne das Zarte zu verletzen und das Unnahbare zu entweihen. Dringt in die Bibel ein und ergreift selbst von dieser Welt Besitz, in der nur gilt, was Ihr erfahren und Euch selbst in letzter Ehrlichkeit erworben habt. Dann wird Euer Leben gesegnet und glücklich sein. Lebt wohl! Gott schütze Euch!

In treuer Liebe umarmt Euch Euer Papa.

[Kassiber[1]]                                              [23. April 1945]
Liebste! Ich werde nun doch plötzlich verlegt und möchte Dir doch diesen Brief schon übergeben. Verwende ihn zu der Zeit, die Dir richtig scheint. Ich muß schnell packen.
Ich küsse Dich!

Dein Klaus

---

1 Im Keller des Gefängnisses Lehrter Str. 3, in der Nacht direkt vor der Ermordung. Der erwähnte Brief ist verlorengegangen.

# HANS
# VON DOHNANYI

Am 1. Januar 1902 in Wien geboren – Nach den juristischen Prüfungen in der Dokumentationsabteilung des Auswärtigen Amtes – 1925 Heirat mit Christine Bonhoeffer; im selben Jahr als Assistent an das Institut für Auswärtige Politik der Universität Hamburg berufen – Seit 1929 persönlicher Referent des Reichsjustizministers – 1938 Reichsgerichtsrat in Leipzig – Ende August 1939 als Sonderführer im Stab Canaris für das politische Referat zuständig – Am 5. April 1943 verhaftet – Am 9. April 1945 im KZ Sachsenhausen hingerichtet.

## Mitteilungen

[An Ricarda Huch]

*Ich will nun versuchen, Ihnen ein Bild meines Mannes zu geben, wie es mir vor Augen steht, teils aus seinen Berichten, teils aus eigenem Miterleben. Wir kennen uns, seitdem er 17 und ich 15 Jahre alt war.*
*Seine frühe Kinderzeit verlebte mein Mann und seine um ein Jahr jüngere Schwester (die später die Frau meines ältesten Bruders wurde) in Berlin-Grunewald, wohin sein Vater über-*

gesiedelt war, nachdem er Professor an der Berliner Musikhochschule geworden war.

Bis zu seinem 11. Lebensjahr muß es für ihn und seine Schwester eine ungetrübte, glückliche Kinderzeit gewesen sein. Er sagte später, wenn er sich seiner Kindheit erinnere, so tauchten vor ihm der Garten in der Knausstraße auf, seine Schwester, die Hunde, und abends im Bett beim Einschlafen, die Kammermusik oder das Klavierspiel seiner Eltern, das aus dem Musikzimmer in ihr Kinderschlafzimmer hinaufdrang. Zum Einschlafen habe daher jahrelang Musik einfach dazugehört für ihn, und noch später, wenn er einmal nicht schlafen konnte – was allerdings nicht oft vorkam – war es für ihn das beste Mittel zum Einschlafen, sich ein musikalisches Erlebnis vorzustellen. So ist die Musik für ihn eigentlich immer etwas höchst persönliches geblieben und er hat die Kammermusik sein Leben lang den großen Philharmonischen Konzerten vorgezogen. Sein eigenes Können ging aber nicht über das Begleiten kleiner Kinderlieder hinaus. Obwohl seine – in dieser Beziehung recht kritische Mutter – ihn für ungewöhnlich musikalisch hielt, wurde der Unterricht nach kurzen Versuchen abgebrochen. Mutter und Sohn waren, wie sie später beide zugaben, zu ungeduldig. Beide haben es später noch oft bedauert. Meinem Mann blieb ein feines Ohr für Ton, Rhythmus und Dynamik jedes Werkes, verwöhnt durch das, was er als Kind in sich aufgenommen hatte, – manchmal zum Leidwesen beider Teile bei unsern übenden Kindern – und eine Liebe zur Musik, die sich aus seinem Leben nicht fortdenken läßt.

Das Bild seines Vaters war für ihn verbunden mit der Erinnerung an Weihnachtstage, wo dieser beruflich so stark in Anspruch genommene Mann sich nur für seine Kinder Zeit nahm. Es wurde dann mit den Kindern gespielt und musiziert. So habe der Vater ihm einmal auf sein Lieblingslied: »Gestern abend ging ich aus . . .« viele Variationen auf dem Klavier vorgespielt, die er immer so gern in seinem Leben noch einmal hören wollte. Ein befreundeter Sänger kam, und die Kinder durften sich ihre Lieblingslieder aussuchen; bei meinem Mann waren es immer die Heinzelmännchen von Löwe. Er sagte später, er wisse nicht mehr recht, ob der Länge oder des Geheimnisvollen wegen.

Mein Mann meinte später oft, sein Vater sei im Grunde trotz des Kultes, den die Berliner Konzertwelt damals mit ihm trieb, ein ganz kindlicher einfacher Mensch gewesen, der seine Kinder in harmloser Freude genossen hätte, und der vielleicht von seiner Frau mit Rücksicht auf seine künstlerische Arbeit unnötiger und verhängnisvoller Weise von ihnen und dem täglichen Familienleben durch einen für die Kinder undurchdringlichen Vorhang getrennt worden sei.

Seine Mutter war ein künstlerisch ungewöhnlich begabter Mensch. Es gibt musikverständige Menschen, die ihr Klavierspiel dem ihres Mannes vorgezogen haben, jedenfalls was Kammermusik und Begleitung angeht. Für meinen Mann war ihr Klavierspiel der Inbegriff dessen, was er in der Musik liebte. Aber sie war ein schwieriger Mensch, der seinen Mitmenschen das Leben nicht leicht machte. Mein Mann hat sein Leben lang mit zärtlicher Liebe an ihr gehangen, wenngleich sie auch ihm durch ihren Mangel an Verständnis für die Arbeit eines Mannes und ihre beinah eifersüchtigen Ansprüche an seine Zeit, manche schwere Stunde bereitet hat.

Als mein Mann 11 Jahre alt war, trennten sich seine Eltern. Die Kinder blieben bei der Mutter. Schuld und Nicht-Schuld ist auch hier schwer zu entscheiden. Der Vater glaubte, die Frau gefunden zu haben, die ihm gab, was er brauchte. Die Mutter glaubte an zeitweilige Verirrung und hat die Hoffnung auf eine Rückkehr erst sehr spät in ihrem Herzen begraben.

In den Augen der Kinder war es ein unvorbereiteter, unbegreiflicher Bruch. Mein Mann sagte später, das liebebedürftige Herz eines Kindes wolle nun einmal beide Eltern gleichmäßig lieben, und den Konflikt, vor den er nun gestellt worden sei, habe er als sehr grausam empfunden ...

Der Vater siedelte an die Musikhochschule in Budapest über – was zu einem völligen Abbruch der Beziehung führte ...

Mein Mann hat in reifen Jahren, als er selbst schon Vater von drei Kindern war, den Schritt getan, mit seinem Vater zu beider Freude die Beziehungen wieder herzustellen.

Durch die Trennung der Eltern änderten sich die wirtschaftlichen Verhältnisse der Familie sehr plötzlich. Bisher war es ein gesichertes und frohes Leben in eigenem Haus und Garten, mit viel Personal, Französin und manchem – den Kindern zuträglichen – Luxus gewesen. Jetzt wurde die Lage sehr beengt. Die Wohnung wurde gewechselt, die Mutter gab Musikunterricht und machte des abends viel Kammermusik, mein Mann gab von seinem 14. Lebensjahr an Nachhilfeunterricht bei den Schülern unterer Klassen. Er hat diese Tätigkeit bis in die ersten Semester seines Studiums fortgesetzt. Mit 19 Jahren wurde ihm auf die Empfehlung von Prof. Hans Delbrück, mit dessen Sohn Justus er seit frühester Kinderzeit nah befreundet war, eine Tätigkeit im Auswärtigen Amt angeboten. Ich entsinne mich noch, wie glücklich er damals war, nun endlich seinen Lebensunterhalt auf eine Weise verdienen zu können, die nicht Zeitverlust sondern eine große Freude für ihn bedeutete.

Neben Schule und Nachhilfeunterricht fand er Zeit zu intensivem und für einen Jungen seines Alters erstaunlich systematischem Lesen. Sein Wunsch war damals noch, Historiker zu werden. Es sind mir später einmal Auszüge aus Mommsen, Ranke, Meyer, geschichtsphilosophischen und literaturhistorischen Werken in die Hände gefallen, die er sich in den letzten Schuljahren beim Lesen angefertigt hatte. Viel Fleiß, viel Bestreben, den Dingen auf den Grund zu gehen, oft kindlich überhebliche Kritik – aber jedenfalls viel Ernst war darin. Leider sind sie in den Kampftagen den Weg fast all seines Besitzes gegangen! Die Schule selbst ging bei ihm nebenbei. Er war ein guter, aber kein Musterschüler; als kleiner Junge mit den üblichen Lausbübereien, als großer mit der allmählich entstehenden Gleichgültigkeit. Auf der Schule haben mein Mann und ich uns kennen gelernt. Es war damals für Mädchen in unserer Gegend der einzig mögliche Weg, zur huma-

*nistischen Ausbildung auf ein Jungengymnasium zu gehen.*
*Als ich in die Obersekunda eintrat, ging mein Mann in die*
*Oberprima. Es war im Sommer 1919.*
*Von hier ab wird es mir sehr schwer, Ihnen zu schreiben ...*
*von den Dingen, die in meinem Herzen zutiefst liegen ...*
*Aber ich muß von ihnen sprechen, weil sie zu einem Bestand*
*teil seiner und meiner selbst geworden sind, ohne die man das*
*Wesen meines Mannes weder erkennen noch nachfühlen*
*kann.*
*Es steht in der Forsytesaga von Galsworthy ein sehr schönes*
*Wort darüber, was aus einer Jugendliebe für den reifen Men*
*schen werden kann. Uns beiden ist aus dieser, zunächst kind*
*lichen Zuneigung und Freundschaft die Erfüllung unseres Le*
*bens geworden. Es ist wohl selten, daß uns Freundschaft und*
*Liebe in Gestalt des selben Menschen ins Herz gelegt werden.*
*Wir haben zeit unseres Lebens selbst mit staunender Dank*
*barkeit vor diesem Gottesgeschenk gestanden und sind uns ge*
*genseitig Freunde und Liebende geblieben.*
*Als mein Mann 23 und ich 21 Jahre alt waren, heirateten wir[1].*

---

1 In einem zweiten Brief an Ricarda Huch hat Christine v. Dohnanyi
  im Rückblick auf die ersten Ehejahre noch folgendes geschrieben:
  »Von unserer Hamburger Zeit ist zu sagen, daß wir dorthin heirateten
  und dort die ersten Jahre unserer Ehe verbrachten. Mein Mann leistete
  damals dort seinen Referendarsdienst und war gleichzeitig Assistent
  im Institut für auswärtige Politik. Mit dem, was Hamburg als Hansestadt und Überseezentrum bedeutete, hatten wir direkt weniger Berührung. Es sei denn, daß man die Leidenschaft meines Mannes für
  Hafenfahrten und das Betrachten der herein und heraus fahrenden
  Dampfer, mit der ich ihn oft geneckt habe, dazu rechnen will. Aber
  schließlich hatte der ganze Geist der Hamburger Verwaltung einen
  Hauch von Weltoffenheit, und mein Mann hat diese Großzügigkeit,
  mit der im hamburgischen Justizdienst selbst der kleine Richter an die
  Probleme heranging, genossen und stets als eine Auswirkung dieses
  etwas internationalen Empfindens aufgefaßt. Der damalige Bürgermeister Petersen hat meinen Mann sehr geschätzt und ihn in seinen Interessen und Wünschen immer freundlich gefördert. Als er später in

Wir haben dann, wie man in der Familie scherzhaft sagte, unsere Examina immer gleichzeitig gemacht. Drei Tage nach der Geburt unserer Tochter machte mein Mann sein Doktorexamen; während ich im Wochenbett mit unserem ältesten Sohn lag, machte er seine Assessorprüfung. Wir hatten wenig Geld, viel Arbeit und waren sehr vergnügt. Ich habe nächtelang mit ihm gearbeitet, d. h. ich habe seine Arbeiten mit der Maschine geschrieben, über seine Urteile und Arbeiten mit ihm gesprochen und gestritten und versucht, ihm von seiner Arbeit abzunehmen, was ich konnte, denn bis zu seiner Assessorprüfung mußte er neben seiner Gerichtspraxis ja seine Universitätsarbeit erledigen. So mußten die Nächte oft herhalten. Er hat sein Leben lang über eine ganz ungewöhnliche Arbeitskraft und wohl auch über eine sehr gute Gesundheit verfügt, sonst hätte er nicht leisten können, was er damals mußte. Dabei kannte er keine Rücksicht auf sein körperliches Wohl. Er litt z. B. an schweren Migränen, mochte es aber garnicht, wenn ich davon Notiz nahm oder ihn gar veranlassen wollte, ein Mittel zu nehmen. Den Ausgleich für eine zu kurz gewordene Nacht in einem längeren Schlaf am nächsten Morgen zu suchen, hielt er für eine »Schlappheit«. Er meinte, jeder Tag habe seine eigenen 24 Stunden und wenn man ein Minus vom Tage vorher in den nächsten Tag hinüberschleppen wolle, bleibe einem schließlich nichts mehr übrig. Dabei konnte er in seinen Urlaubstagen unbändig faul sein. Er konnte viele Stunden auf der Wiese liegen und vor sich hindösen, mit den Kindern spielen oder ihnen mit geradezu kindlichem Eifer Spielzeuge anfertigen. Er liebte es dann garnicht, irgendwelche Pläne für den Tag zu machen, nicht einmal einen Spaziergang wollte er vorher festlegen lassen. Am Ende der Ferien kam dann auch regelmäßig der Katzenjammer. Mit zunehmender Erfahrung habe ich ihn dann selbst schon in den letzten Tagen immer

der Zentrale in Berlin war, sind die freundschaftlichen Bindungen mit manchem Hamburger Verwaltungs- und Justizbeamten bestehen geblieben.«

darauf aufmerksam gemacht, daß er nun wohl bald kommen würde. Von den Büchern, auf die er sich das ganze Jahr gefreut hatte, von der Arbeit, die er für die Ferien sich vorgenommen hatte, war nur die Hälfte erledigt, die Briefe, die er schreiben wollte, waren nie geschrieben; es kamen Selbstvorwürfe über verlorene Zeit, mangelnde Zeiteinteilung, eigene Energielosigkeit – ich konnte es schließlich alles schon vorhersagen und habe beides, Faulheit und Katzenjammer, als eine Notwendigkeit hingenommen. Es waren die wenigen Stunden des Ausgleichs für eine ständig angespannte Arbeitskraft.

Es gibt wohl Menschen, die immer bis an die Grenzen ihrer Kraft belastet werden. Mein Mann war einer von ihnen. Bis zu seinem Assessorexamen war es sein doppelter Beruf, der ihm kaum Zeit ließ, zu sich zu kommen; später waren es die für seine Jahre ungewöhnlich verantwortlichen Stellungen, die er als Referent des Ministers im Ministerium einnahm. Bis 1933 hatte er den Wunsch, sich für Staats- und Völkerrecht zu habilitieren. Er hatte die Vorarbeiten zu einer Arbeit über die Rechtsstellung der politischen Partei im Staate abgeschlossen. Während der Zeit des Nationalsozialismus waren Entwürfe und Karteikästen über diese Arbeit auf den Hausboden verbannt worden. Nach der Beschlagnahme unseres Hauses für russische Truppen fand ich die einzelnen Zettel auseinandergerissen, beschmutzt und zerrissen im Hause zerstreut.

Von 1933 an waren es andere Dinge, die jede freie Stunde bei ihm in Anspruch nahmen, die ihm innere Beruhigung und manchmal auch Befriedigung gaben und ihn den Weg führten, den er nun gegangen ist.

Von diesen Dingen will ich versuchen, Ihnen ein andermal zu berichten. Ich bin auch diese Wege alle mit ihm gemeinsam gegangen. Unser gemeinsames Leben schloß die Möglichkeit eines Geheimnisses voreinander einfach von selbst aus. Es war selbstverständlich, daß er mir die Dinge erzählte und mit mir besprach, ebenso wie es selbstverständlich war, daß ich darüber schwieg. Ich glaube sogar, daß er diesen Weg nie gegangen wäre, wenn ich ihm widerstrebt hätte, aber es war eben auch eine Folge unserer Gemeinsamkeit, daß ich ihn nie in diesem Weg hätte hindern können, in dem er seine Aufgabe sah und der unser gemeinsames Schicksal wurde.

Wer meinen Mann nicht näher kannte, hat in ihm zunächst den zurückhaltenden, wohl ungewöhnlich klugen und hilfsbereiten Verwaltungsbeamten gesehen. Die Briefe, die ich heute von seinen näheren Mitarbeitern und Freunden bekomme, sprechen alle mit Wehmut von seiner liebenswürdigen Heiterkeit und seinem überlegenen Humor, mit dem er die Dinge anfaßte. In der Tat gehört zu meinen liebsten Erinnerungen, wieviel wir miteinander gelacht haben. Ich denke oft, daß es doch vielleicht das Zeichen der tiefsten Gemeinsamkeit ist, wenn man über die gleichen Dinge miteinander lachen kann. Er hatte viel Sinn für guten Witz; gegen die in den Offizierskreisen üblichen Witze einer bestimmten Kategorie hatte er aber eine geradezu mimosenhafte Aversion, die ihm manche Spöttelei eintrug. Er hatte überhaupt den Eindruck, daß er als ausgesprochener Zivilist im OKW eine gewisse »Narrenfreiheit« genösse, von der er, in Form größerer Unbefangenheit in der Kritik an den Vorgesetzten und deren Maßnahmen, reichlich Gebrauch gemacht hat.

Seine Liebe zu Natur und Tieren ist meinem Mann sein Leben lang geblieben. Mit Hunden hatte er ein ganz einzigartiges Verhältnis, das auf eines unserer Kinder übergegangen ist. Es gab den bösartigen und bissigen Hund nicht, mit dem mein Mann nicht vom ersten Augenblick an ruhig gespielt hätte. Ich habe eine Szene erlebt, wo der Admiral Canaris, der auch ein Hundenarr war, meinem Mann voll Stolz erklärte, sein Hund ginge zu keinem Fremden. Mein Mann lachte und meinte: »Das wäre ja der erste Hund ...«, klopfte auf seine Schenkel und schon saß der Hund ihm auf den Schoß, zum entsetzten Erstaunen von Canaris. Ein aus dem Nest gefallener Vogel, ein neugeborenes Zickel, ein krankes Karnickel konnten meinen Mann aus verantwortungsvollster Arbeit herausreißen und beschäftigten ihn dann eine Weile ganz ausschließlich.

*Wir haben bis auf eine kurze Zeit schlimmster Wohnungsnot immer am Rande der Stadt im Freien gewohnt, und mein Mann hat selbst zu Zeiten seiner schwersten Arbeitsbelastung, auch als er noch über kein Auto verfügte, lieber den weiten Weg auf sich genommen, als in der Stadt zu wohnen. Ich glaube, er hat viel Kraft aus der Ruhe in der Natur geschöpft, und ich habe eigentlich nie wieder einen Menschen mit solcher Freude und Hingebung den Frieden eines Abends im Freien genießen sehen wie ihn.*

*Er hat unter der Abtrennung von aller Natur im Gefängnis zunächst wohl fast so sehr gelitten, wie unter der Trennung von den Kindern und mir. Das zeigen seine Briefe aus dieser Zeit.*

*Auf Spaziergängen hatte er oft beim Anblick irgendeines malerisch reizvollen Eindruckes gesagt: »Das möchte ich malen können.« In die Einsamkeit seiner Haft habe ich ihm Pastellkreiden und Bleistifte geschickt. Er hat dann teils nach der Erinnerung, teils unter Zuhilfenahme von Photographien Zeichnungen von unseren Kindern, später auch von sich selbst gemacht, die verschiedene Künstler, denen ich sie später zeigte, verblüfften. Daß dieser Mann in seinem Leben vorher nie zeichnen gelernt hatte, wollte mir keiner von ihnen glauben. Es scheint mir das etwas ähnliches wie die Gedichte meines Bruders Dietrich Bonhoeffer. Das ständige Alleinsein bringt doch wohl manches Latente zu unerwarteter Blüte ...*

*Ich habe Ihnen hier von meinem Mann erzählt, wie ich es eben kann. Es ist nicht leicht, und ob es Ihnen ein Bild geben kann, wage ich nicht zu beurteilen. Er ist kein durchschnittlicher Mensch gewesen, das weiß jeder, der ihn kannte; und so ist es schwer, den Dingen im Verhältnis zueinander das rechte Maß zu geben ...*

*Christine von Dohnanyi*

Christine von Dohnanyi
an Barbara, Klaus
und Christoph
[Genehmigter Brief]

[Frauengefängnis
Charlottenburg]
Ostersonntag 25.4.43

Meine geliebten Kinder,
Heut ist Ostersonntag und so muß ich auch einmal ein bißchen mit Euch reden. Eigentlich kann ich jetzt 2mal in der
Woche einen Brief schreiben, aber der Vater ist ganz allein
und so schreibe ich immer ihm und habe ihn gebeten, Euch zu
schreiben. So bekommt Ihr alle Nachricht, wenn wohl auch
selten. Ich habe seit ich hier bin, einen Brief von Bärbel und
einen von Großpapa und einen vom Vater bekommen. Aber
Ihr sollt wissen, daß ich gesund und in Gedanken immer bei
Euch bin und dazu habe ich Zeit, Zeit wie noch nie in meinem
Leben, mit meinen Gedanken allein zu sein. Denk mal an,
Stoffelchen, seit drei Wochen alles in allem vielleicht 3–4
Stunden mit anderen Menschen gesprochen! Wie wär's? Ich
lese viel und bin dankbar für jedes Buch und dann gehe ich natürlich auch spazieren, immer hübsch auf und ab in der Zelle
bei offenem Fenster. Dann esse ich aus so einer netten weißen
Emailleschüssel, wie sie mir zu Haus immer fehlte. Dann
schlafe ich, so oft es geht, und nachmittags, wenn nicht grade
Feiertag ist, gehe ich spazieren 1/2–3/4 Stunde in einem Hof,
von dem aus man jedenfalls nur den Himmel sieht. So sieht
mein Leben aus. Und denkt Euch, ich suche nie etwas; jetzt
wo ich soviel Zeit habe, daß ich es ganz nett fände, mal richtig
nach dem Beutel oder Schlüsselbund zu suchen. Alles ist immer gleich da, denn es liegt entweder auf dem Tisch oder im
Koffer. Das möchte ich zu Hause auch einführen. Überhaupt, wenn man sieht, wie gut es ist, wenn man wenig Be-
dürfnisse hat. Merkt Euch das. Nicht für das Kittchen, sondern für's Leben. –
Warum ich hier sitze, wißt Ihr so wenig wie ich, aber nehmt
es nicht tragisch. Wie und wann auch immer, einmal muß
Klarheit kommen, und dann wird man mich wohl auch heim-

lassen. Also seid nicht traurig, sondern freut Euch und genießt jeden schönen Augenblick. Denkt nicht: »nun sind wir lustig und haben unser Vergnügen, obwohl unsere Eltern eingesperrt sind.« Im Gegenteil, gerade weil es unsre einzige Freude und unser einziger Trost ist, daß Ihr glücklich seid, sollt Ihr uns zuliebe froh sein. Und dann, geniert Euch nicht und laßt Euch von niemandem dumm angucken. Tragt den Kopf immer ruhig noch ein wenig höher, dann werden die Leute das von selbst lassen. Wie gern würde ich Euch in dieser Zeit beistehen, denn ich weiß, wie schwer es für Euch alle ist. Aber das liegt nicht in meiner Hand. – Eure Arbeiten macht mit viel Fleiß und denkt, daß Ihr uns damit eine Freude macht. Du, mein Stoffelchen, übe fleißig und ernsthaft. Alles was Ihr jetzt noch lernen könnt, das lernt. Und seid ordentlich mit Euren Sachen und sparsam. Wie sich Euer Dasein nun nach den Ferien gestalten wird, wüßte ich auch gern. Aber da will ich von hier aus nicht hineinreden. Das müßt Ihr mit den Großeltern und Tante Ursel besprechen. Vielleicht kann ich Tante Ursel mal sprechen und ich will auch bitten, daß Ihr mich besuchen dürft. Ihr seid ja alt genug, um keine Tragödie daraus zu machen, und es wäre doch hübsch sich mal zu sehen. –

Nun will ich euch noch eines sagen: tragt keinen Haß im Herzen gegen die Macht, die uns das angetan hat. Verbittert Eure jungen Seelen nicht, das rächt sich und nimmt Euch das Schönste was es gibt, das Vertrauen. Wir haben ja miteinander nie viel von religiösen Dingen gesprochen. Es ist nicht jedem gegeben, von diesen Dingen zu reden. Aber ich will Euch sagen, ich bin so fest davon überzeugt, daß denen, die Gott lieben, alle Dinge zum Besten dienen, und unser ganzes Leben hat es immer wieder bewiesen, daß ich in all der Einsamkeit und Sorge um Euch alle, wirklich nicht einen Augenblick verzweifelt war. Ihr werdet Euch sicher wundern, daß ich das sage, von der Ihr doch sicher geglaubt habt, daß ich dem allem ferner stehe. Bei mir ist es eben so, daß ich schon im Gefängnis sitzen muß, um so etwas auszusprechen und

Euch vielleicht auch damit zu trösten, daß ich nicht so leide, wie Ihr das sicher denkt. Lies den Spruch, den wir Dir in Deine Bibel schrieben, Bärbelchen. –

Und dann noch eines. Nutzt Eure Gaben und versucht im Gedanken an uns mit dem Leben selbständig fertig zu werden. Die Zukunft ist dunkel, gewiß für alle, aber für uns im Augenblick in besonderem Maße. Wir haben Euch gegeben, was wir konnten, zeigt, daß wir es richtig gemacht haben. Seid fleißig und anspruchslos, nicht rechthaberisch aber selbständig, hilfsbereit und gehorsam, dann wird man Euch überall gern haben und brauchen können. Steht zueinander, helft einander und sagt es Euch gegenseitig, wenn einer etwas tut, was uns nicht gefallen würde. Und hört es voneinander an, als wenn es von uns käme.

Den Großeltern, denen ich für alle Fürsorge hier so gern danken möchte, kann ich nicht extra schreiben. Ich kann den Vater nicht so lange ohne Nachricht lassen. Gebt ihnen einen Kuß von mir und sagt ihnen, daß ich doch hoffe, sie bald gesund wiederzusehen. Hier sitzen allerlei Leute ohne jeden Anhang. Ohne all die Sorgen um seine Liebsten im Loch zu sitzen, muß ein wahres Vergnügen sein. Es ist am schwersten, damit fertig zu werden. –

Nun ist es wohl bald 6, da kriegt das Baby sein Abendbrot. Übrigens immer so reichlich, daß ich nicht den dritten Teil essen kann. Dann kommt ein recht langer Abend, denn Licht gibt es nicht. Aber er geht auch rum. Nun grüßt die Großeltern, Tante Ursel und Onkel Rüdiger und dankt ihnen tausendmal. Auch alle anderen Onkels und Tanten grüßt. Lebt wohl, ich gebe jedem von Euch einen Kuß. Glaubt mir, wenn man das einmal erlebt hat, weiß man, daß es doch nur ein recht kleiner und ärmlicher Teil des Menschen ist, den man ins Loch setzen kann. Ich umarme Euch alle

Eure Mama

Klaus, mein großer Junge, vertrittst Du mich im Garten?

Geliebte, seit einer Woche bin ich hier. Es geht mir gut: keine Sorgen machen, bitte, bitte! Der Bunker hält[1]. Und nicht meinetwegen in die Stadt fahren! Deine Pakete vom 23. und 30.1. bekam ich gestern. Hoffentlich sind auch die Briefe nicht verbrannt. Ich weiß nichts von Euch; aber ich trage Dein Bildchen auf der Brust und Dich und die Kinder im Herzen. So werde ich auch mit dieser Lage fertig in der Hoffnung und im Glauben. Schreib mir, mein Engel, wie es Dir geht, was die Kinder machen, was für Nachrichten von Kläuschen[2] da sind. Gestern hieß es, meine Tochter (Maria?[3]) sei da gewesen, sie käme diese Woche wieder. Abgegeben ist aber offenbar nichts. Leider war mir nicht gelungen, eine Mitteilung durchzusagen, daß ich Wäsche zum Tauschen habe (schmutzig und zerrissen). Wenn möglich, lege bei: Kamm, Ersatzbrille, Kerze, Wäsche, Schuhe, [Satzende von Zensur mit Tinte unleserlich gemacht]. Hab so vielen Dank für all die schönen Sachen, die Du mir geschickt hast. Die Zigaretten waren hoch willkommen! Am 12.[4] bin ich mit all meinen Gedanken, Sehnsucht, Liebe und Dankbarkeit für das Leben, das Du mir jeden Tag von neuem lebenswert machst, bei Dir, mein Alles Du!

　　　　　　　　　　　Dein Mann. Küsse die Kinder.

Jetzt erst entdecke ich diesen noch freien Platz. So kann ich den Kuß an Dich noch dran schreiben. Die Sachen, die Du schicktest, sind alle noch gut genießbar und ich bin jetzt reichlich versorgt. Bitte, wenn irgend möglich, Streichhöl-

---

1 Am 3.2.45 erfolgte der schwerste Tagesangriff auf Berlin, der auch die Gebäude der Prinz Albrecht-Straße in starke Mitleidenschaft zog.

2 Sohn Klaus.

3 Maria v. Wedemeyer, die Braut Dietrich Bonhoeffers.

4 Hochzeitstag.

zer, etwas Geld und 6, 8, 12 Pfennig Briefmarken. Aber ich verlasse mich darauf, daß sich keiner meinetwegen in Alarmgefahr begibt, vor allem Du nicht! Wer herkommt, möchte jedenfalls auf die Tauschwäsche warten. Warme Sachen sind jetzt am besten. Ich küsse Dir die Hände mein Liebling. Grüße an alle!

Hans.

[Genehmigter Brief]     [Prinz Albrecht-Straße 8]
                        Am 20. Hochzeitstag,
                        den 12.2.1945

Mein innig geliebtes Herz!
Ich hoffe, daß meine Karte von der vorigen Woche Dich erreichte. Jetzt, wo alles andere hinter der großen allgemeinen Not zurückstehen muß, bin ich glücklich, werdet Ihr froh sein über jedes kleinste Lebenszeichen. Der Brief von Kläuschen vom 28. Januar – bisher der einzige – war eine solche Freude! Am Freitag (9.2.) brachte man wieder ein Paket von Dir herunter, wohl vom 7.2. Brief etc. war nicht dabei, wohl aber Deine Briefe vom 23. und 30. Jan. Aber ich will mich in Geduld fassen, auch jetzt, wo es besonders schwer fällt. Wie Ihr den Angriff überstandet, weiß ich nicht, aber ich bin so froh, daß Du um mich keine große Sorge hattest, Dir auch keine zu machen brauchst. Was ich Dir am heutigen Tage sagen möchte, wäre nur für uns zwei allein. Das Glück, das Du mir nun 20 Jahre und täglich neu schenkst, und die Gewißheit Deiner großen Liebe ist der ganze Inhalt meines Lebens und erfüllt mein Dasein zu jeder Stunde. Wie arm sind die meisten! Bleib mir von einem Tag zum andern, was Du mir bist: mein Glück, mein Stolz! Wenn ich Dir in dieser schweren Zeit doch zur Seite sein könnte! Der Krieg zerstreut jetzt wohl auch die Familie. Aber wieviele müssen heute Haus und Hof verlassen und wissen kaum wohin! Tante Elisabeth tut mir so leid! Ich hatte bestimmt gehofft, sie sei hier; immerhin

bin ich froh, daß sie rechtzeitig einen Unterschlupf erwischte. Wer hilft Dir jetzt im Haus? Du wirst wohl den unteren Korridor zur Wohnung für Flüchtlinge machen. Man muß helfen, wo man kann, aber laß Dir auch helfen! Über mich mach Dir keine Gedanken! Das viele Elend der Menschen draußen läßt das eigene Schicksal nebensächlich erscheinen. Meine Gesundheit ist wesentlich beim Alten. [Folgt von der Zensur mit Tinte unleserlich gemachter Satz] Schreib mir, wie es Euch geht, was die Kinder, insbesondere Klaus, machen. Hoffentlich bist Du über meine Wünsche nicht böse. Wäsche brauche ich nötig; möglichst bunte [folgender Satz von Zensur mit Tinte unleserlich gemacht], auch Taschentücher sehr erwünscht. Aber Du weißt doch, nicht?, daß das alles unter der Überschrift steht: erst kommt Ihr! In Klausens Brief heißt es: »Essen besser als zu Hause!« Das macht mir Sorge. In meiner Speisekammer ist jetzt viel Butter, Brot, Wurst. Ihr müßt jetzt nach der Rationenkürzung doch etwas mehr an Euch denken. Du und die Kinder müßt gesund bleiben, und ich darf Euch nicht so viel wegessen! Wer von Euch mit Sachen für mich herkommt, möge – schon um Deiner Bequemlichkeit willen – bitte nicht weggehen, sondern gleich auf die Wäsche zum Tauschen warten, die ich bereithalte. Mit meiner Handschrift gebe ich mir Mühe; es ist Dämmerung und Dein Paket (als Unterlage) wackelt. Draußen scheints fest zu schneien – da werdet Ihr wieder Verkehrsschwierigkeiten haben. Bitte halte Dich zu Hause! Glaube nicht, mir jetzt öfters etwas anbringen zu müssen. Es ist mir lieber, Dich in Sicherheit zu wissen als für mich etwas zu haben, was – im Zeichen der Zeit – so viele entbehren müssen. Nächstens schreib ich Dir, denke ich, mit Anhängsel an Kläuschen, damit er doch Antwort von mir bekommt; so bald wieder Schreibtag ist. – Wie schön war dieser Tag vor 20 Jahren! Und die 14 Tage arme Ritter und Nierensuppe; ich möchte sie so gern wieder von Deiner lieben Hand gemacht haben! Gott schütze Dich und die Kinder, mein Engel! Ich denke nur an Dich!

Dein Mann

Mein über alles geliebtes Herz!

Der Brief von unserem Hochzeitstag hat Dich hoffentlich erreicht; es war ein etwas prosaischer Brief; aber das lag an der gebotenen Kürze. Der neue Stil kostet mich noch etwas Mühe! Von Dir seit 30./1. kein, gestern ein zweiter Brief von Klaus. Der Junge kommt nicht unter die Räder, da können wir ohne jede Sorge sein! Ich habe mir vorgenommen, ihm heute dranzuschreiben. Nun eh' ichs vergesse: seinerzeit war Standartenführer Huppenkothen so freundlich, mir meine Brille nach Sachsenhausen mitzubringen; leider aber ist sie versehentlich zurückgewandert. Über meine Augen bin ich etwas erbost: sie wollen ohne Brille nicht recht. Bitte schick mir doch die Ersatzbrille (-3 beiderseits); sie liegt sicher fein geordnet im Kasten »Brillen«. Aber Du weißt doch: ich will lieber noch etwas warten, als daß Du nur wegen der Brille von Sakrow hereinfährst. Bitte tu's nicht! Versprichs! Ich verlasse mich auf Dich! Daß Du ein Mal in der Woche Alarmgefahr läufst und Dir solche Mühe meinetwegen machst, peinigt mich gerade genug! Klausens Hilfe war eine solche Beruhigung! Briefe von ihm bekommt Ihr häufig – das freut mich! Wie dankbar muß man sein, wenn man an seine Lieben so oft, so viel und einfach so schreiben kann, wie einem ums Herz ist! Aber wievielerlei »selbstverständliche« Dinge gibt es doch, deren Wert mir erst durch die bittere Entbehrung bewußt geworden ist! Wirklich, nicht nur vom Brote lebt der Mensch! A propos, bitte etwas Geld, ich muß jeweils täglich Zeitung und 2 Zigaretten bezahlen; auch Briefmarken. – Und nun einen Kuß an die Kinder. Klaus und sein »Brief« sollen nicht zu kurz kommen. Tags und Nachts denke ich an nichts weiter als an Dich und die Kinder. Mein Herz und meine Seele, die ließ ich bei Euch! . . .

Dein Mann.

Mein geliebter Junge, ich bin so froh über Deine Briefe und möchte Dir noch wenigstens kurz schreiben. Daß wir uns nun bald sehen und über so mancherlei sprechen können, hoffe ich sehr. Ich kenne Dich genug, um ohne Sorge um Dich zu sein. Bleibe nur Du selbst und Deine Kraftquelle Dein Glauben, Dein Vaterland, Dein Zuhause. Nichts hat mich Dir so nahe gebracht, wie Deine Fürsorge für Deine Mutter. Was sie mir, was sie Euch ist, beginnst Du jetzt zu ahnen. Bei Deinem Tun und Lassen und wenn Du im Streite mit Dir liegst, denke an sie, so wird Dir Rat nicht mangeln, die Reinheit Deiner Seele in keine Gefahr geraten und nicht entweiht werden, was dem Manne in Dir heilig sei. Bitte Gott um ein einfältiges Gemüt und versuche, was Dir das Schicksal bringt, dankbar und fröhlich hinzunehmen. Ich freue mich, daß Ihr alle von der inneren Heiterkeit einen Teil habt, die die Dinge auf das richtige Maß zurückführt, eine Gabe Eurer Mutter, die ich so liebe, weil es nichts so Befreiendes und Souveränes gibt wie ein Lachen, wo die anderen nur die Widerwärtigkeit des Lebens zu erkennen vermöchten. Ich wünsche Dir von dieser Kraft, durch die wir uns lächelnd schicken lernen. Sehnsüchte bleiben – natürlich! Mit Mama und Euch die Sterne ansehen, am See sitzen und plaudern, die Luft des Waldes atmen – wie genau erinnere ich mich daran! Oder auch in lustiger Gesellschaft die Becher kreisen lassen – nun, warum sich solche Dinge ausmalen? Sie kommen wieder. Ich halte mich an den wunderschönen Vers, den Du mir geschrieben hast (ich kannte ihn nicht) und ich halte mich daran, daß unsere Gedanken sich oft treffen, mein großer, kleiner, lieber Kerl Du! Mach Dir um mich keine Sorgen; es geht mir gut. Daß Du Deine Sache gut machst, ist bei uns selbstverständlich, aber ein bißchen stolz bin ich doch auf Dich! Gott schütze Dich, mein Junge, Dich, Deine geliebte Mutter, Deine Geschwister! Wir halten zusammen! Dein getreuer

Vater.

Die Absendung des Briefes hat sich etwas verzögert. Hab tausend Dank für das Paket von vorgestern. Es mußte alles so rasch gehen, daß ich nicht mehr dazu gekommen bin, Dir die paar Bitten, die ich habe, übermitteln zu lassen.

Das darf ich nachholen: *Geld* erhalten; gelegentlich denk bitte nochmal dran: *Brille*: vielleicht ist sie in dem Mantel, den ich im Lazarett hatte. Ich habe sie bei den Alarmen immer in eine der Innentaschen gesteckt. Jedenfalls -3 Dioptrieen beiderseits; eventuell ist so was ähnliches (-2 ist z. B. auch schon besser als nichts) in der Familie vorhanden. *Bleistifte, Gummi, Lupe* sind versehentlich wohl im Köfferchen geblieben. Sehr lieb wären mir: warmes Unterhemd (habe nur das auf dem Leibe) lange warme Unterhose, Strümpfe (wenn bei Euch entbehrlich), etwas zu lesen, Streichhölzer, Nagelschere.

Deine *Briefe* gebt doch hier im Hausgefängnis ab; sie werden dann von hier Herrn Kriminalkommissar Sonderegger, der jetzt für mich zuständig ist, zur Zensur zugeleitet. So hast Du nicht doppelte Lauferei. Du kannst natürlich auch Briefe mit der Post schicken.

Wegen der *Einweckgläser* habe ich Herrn Sonderegger gefragt
[Hier zwei Zeilen ausradiert]
und will ihn bitten, die Aushändigung zu genehmigen; es ist ja sonst so schwierig für Dich. Aber, *bitte*, denkt an Euch mit dem Essen. Ich bin wirklich gut versorgt. Es geht mir gut. Wie nett, daß Kläuschen einen Tag zu Hause war.

Kuß Hans.

Liebste . . .! Jetzt haben wir uns 1/2 Jahr nicht gesehen. Mein
heißer Wunsch: Dich sehen! Es ist eine wahnsinnige Zeit, und
daß ich Dir und den Kindern jetzt nicht zur Seite stehen kann,
ist ein Martyrium für sich.

I. Ein paar Dinge für die andern: über Lehrterstraße 3[1] und
was dort bis vor 3 Tagen vorgegangen ist, weiß ich Bescheid.
Ich lebe nur im Gedanken an Euch alle, das wißt Ihr, und
möchte Euch allen mittragen helfen. Wenn ich doch alles auf
meine Schultern packen könnte! – Vielleicht ist Euch folgendes wichtig: Leiter von Lehrter 3 ist Untersturmführer
Knuth. *Überaus anständig*, hat Herz für seine Gefangenen,
angelt nach Anker für die Zukunft. Auch Personal im Geschäftszimmer gut. Wenn Ursel und Emmi ihre Männer sehen wollen, sollen sie den Wunsch im Geschäftszimmer äußern, es wird möglich gemacht, wenn es irgend geht. Frau Perels[2] hat ihn vor ca. 5 Tagen gesehen.

II. Für mich ist vor 3 Tagen ein praktischer Arzt aus Berlin
Tempelhof, der auch Häftling ist, (Dr. Eugen Ense[3], Tempelhof Löwenhardtstr. 63) als Betreuer bestellt. Wenn jemand
von ihm kommt (Tochter 15, Sohn 16 1/2 J.), ist die Sache in
Ordnung. natürlich lasse ich nur *Persönliches* sagen. Bitte vi-
ce versa. *Bitte bitte* keine Gefahren laufen, Lage ist kritisch
genug.

Ich war bis vor 3 Tagen einem Sachbearbeiter überantwortet,
der an Brutalität nichts zu wünschen übrig ließ.[4] Er glaubte
mich dadurch klein zu kriegen, daß er mich ohne jede Pflege
einfach verwahrlosen ließ. So ging das 3 Wochen. Aber ich

---

1 Dort waren am 2. Februar Klaus Bonhoeffer und Rüdiger Schleicher
zum Tode verurteilt worden.

2 Friedrich Justus Perels hatte ebenfalls am 2. Februar sein Todesurteil
empfangen.

3 Häftling in der Lehrter Straße 3.      4 Kriminalrat Stawitzki.

habe mich aufs Stinken verlassen. Das hat geholfen. Nun kam Sonderegger und Ense, der frei bei mir aus und eingehen kann (m. Zellentür ist offen) und das Gröbste ist überwunden. Es war eigentlich nur komisch und ich habe oft darüber gelacht, wie ich aussah.

*Gesundheitlich* hat es mir *nichts* ausgemacht. Du weißt, daß ich Dir kein X für ein U vormache! Also ich verlasse mich darauf, daß Du Dir in dem Punkt keine Sorgen machst. Ich benutze meine Krankheit als Kampfmittel. Dabei kommt mir zustatten, daß man mich für kränker hält, als ich bin. Ense vertritt die Meinung, daß ich in ein Krankenhaus gehöre, und mein Zustand durch die hiesigen äußeren Verhältnisse sich laufend verschlechtern werde. Das ist zwar nicht maßgeblich, weil Ense ja Häftling ist, aber Sonderegger fragt ihn, und hat sich beeindrucken lassen. In Wirklichkeit fühle ich mich *gut*, bin durch Dich ja nun wirklich gut im Futter. Nachts bringe ich mir heimlich das Gehen bei. Es geht schon ganz gut; (ich muß ja sehen, selbständig zu werden) Tags bin ich der hilflose Kranke.

III. *Zeitgewinn* ist die *einzige* Lösung. Ich muß sehen, vernehmungsunfähig zu werden. Am besten wäre es, wenn ich eine solide *Ruhr* bekommen könnte. Eine Kultur müßte im Kochschen Institut für ärztliche Zwecke zu haben sein. Wenn Du eine Speise rot zudeckst, am besten auch noch einen Tintenklecks auf dem Becher, so weiß ich, daß darin ein anständiger Infekt ist, der mich ins Krankenhaus bringt. Ich scheue *keine* Krankheit, bin überzeugt, daß ich sie durchstehe. Es kann ja sein, daß ich auf den Bazillus nicht anspreche; dann ist es noch so.

IV. Man will jetzt die Sache mit Gewalt abschließen, und das muß verhindert werden. Mich hatte man bisher fast völlig ungeschoren gelassen, weil ich Huppenkothen schon am 24.8. erklärt hatte, man solle sich bei mir keine Mühe geben, ich würde keine Namen nennen.

Jetzt, sagt Sonderegger, könne ich niemanden mehr belasten, es sei alles bekannt, und auch sonst erklingen Sirenentöne:

man wolle mich bald in ein Krankenhaus schaffen, damit ich gesund würde, habe kein Interesse mich vor Volksgerichtshof zu stellen, habe Achtung vor meiner Haltung pp. *Alles* gelogen! Jedenfalls *davon* muß man primär *immer* ausgehen! Ich fürchte, andere sind auf solche Dinge hereingefallen. Andrerseits hat Sonderegger gesagt, wenn ich jetzt nicht Hals gäbe, käme er möglicherweise in Schwierigkeiten unter dem Gesichtspunkt der »Sippenhaftung« (womit er wohl mit einer Festnahme von Dir drohen wollte). Aber ich glaube selbst, daß er das *nicht* gern täte. Es darf auch *unter keinen Umständen* dazu kommen!!! Sonderegger liebt es, wenn man den Gentleman in ihm betont und ist nicht ohne Herz (aber verschlagen). Er kritisiert heftig die Roederschen[5] Untersuchungsmethoden.

V. Zwischen uns ist klar und entspricht auch der Wahrheit:

1. daß ich Dich in amtliche Dinge, oder solche, die mir vorgeworfen werden, nie eingeweiht habe

2. daß ich *nie* Kassiber an Dich hinausgebracht habe. Notfalls weißt Du nur von einem *Versuch*, einen *Liebesbrief* an Dich mit der Wäsche herauszugeben, den Maas[6] entdeckte und von dem ich Dir später in der Charité erzählte. Wir haben uns über mein Verfahren auch nicht unterhalten (zu ekelhaft). Sonderegger interessiert sich für das alte Verfahren *nicht*. Sagt, er habe immer den Standpunkt vertreten, daß man einem Mann wie mir nichts Ehrenrühriges anhängen dürfe, wenn man ihn sonst nicht zur Strecke bringen könne.

VI. Ich hoffe, daß Briefverbindungen jetzt besser sind. Jedenfalls *bitte*:

1. Immer auf Inhaltsverzeichnis einen Gruß und kurze Mitteilung schreiben (zulässig).

2. auf Einwicklungen schreiben: Grüße von Christel, Bärbel, Stoffel, dann weiß ich, wer zu Hause ist.

---

5 Oberstkriegsgerichtsrat Roeder, der Vernehmungsführer von 1943.

6 Oberstleutnant Maaß, der Kommandant des Militärgefängnisses Lehrter Straße 61.

3. ein Ausrufungszeichen hinter solchem Gruß bedeutet: Nachricht darin (z. B. in selbstgestopfte Zigarette ans Mundstück stopfen oder in eine Nuß).

4. Ihr könnt auch Inhaltsverzeichnis zu Dritt schreiben, damit ich weiß, daß Ihr gesund beisammen seid.

5. Buntes Taschentuch heißt: bei uns alles in Ordnung. (Stoffel brachte zu meiner Freude eines am Freitag).

6.*Immer*, auch wenn einer außertourlich kommt, fragen lassen, ob ich etwas mitzugeben oder zu bestellen hätte. Und selbst bestellen lassen, wie es geht. Durch Zurückverlangen des Verpackungsmaterials (Tasche p. p.) zwingt man die Leute, die Bestellung auszurichten.

7. Wenn der Hauptwachtmeister *Runge* da ist, haltet Euch an ihn.

8. Mantel, Stiefel, Strümpfe, Wäsche, Brille (Tendenz: ich muß für alle Notfälle, Russen p. p. gerüstet sein) auch noch etwas Geld.

VII. Felix – Anruf – Palasthotel[7]. Ich suche Euch jedenfalls zunächst zu Hause. Eventuell Nachricht unter Stein an der Brücke.

Denke daran, meine Briefe aus KZ mit No 93033 als Ausweis für Euch aufzubewahren.

Dem Klaus Empfehlung Havemann[8].

Russen machen erfahrungsgemäß Haussuchungen meist nachts. Im Gefahrfalle nachts nicht zu Hause sein.

Eltern sollen zu uns ziehen. Heerstraße wird sicher stark verteidigt werden. Wenn Du es für richtig hältst, vergrabe Nahrungsmittel und Wertgegenstände. Ich halte Hungersnot für unausbleiblich. Ich habe noch *viel* Traubenzucker.

IX. Wenn Du dies bekommen hast, tu bitte *Zahnpasta* ins Paket.

Bitte, bitte, gefährde Dich nicht. Fahr möglichst nicht in die

---

7 Nicht aufgeklärt.

8 Der mit Karl Friedrich Bonhoeffer befreundete Physiker Robert Havemann.

Stadt. Ich weiß Dich am liebsten in Sakrow. Überlegt Euch die Sache mit der Beibringung eines neuen Infekts. Zutt[9] wird Dir vielleicht eine solche Speise herstellen können. Es müßte in nicht allzu ferner Zeit sein, weil man mich sonst womöglich aus Berlin wegbringt. Infizierte Speise rot einwickeln *und* Zeichen am Becher; wenn der Gedanke nicht zu verwirklichen, tu ein *grünes* Papier über irgend eine Speise. Wenn ich in ein Krankenhaus in Berlin komme, kommt praktisch nur Staatskrankenhaus infrage. Ich habe Zinn (Babelsberg) kurz erwähnt. Eventuell würde auch dumme Anfrage eines Arztes (Papa, de Crinis[10]?) bei Huppenkothen (der Sondereggers Vorgesetzter ist) nützlich sein, ob hier Pflege und *Behandlung* (passive Bewegungen, massieren, Spritzen) möglich. *Du* selbst interveniere *nicht*!

Mein Liebling! Ich habe Dir regelmäßig geschrieben. Man hat Dir die Briefe nicht gegeben; es waren Skizzen von Dir dabei. Was ich zum 12.2. für Dich hatte, habe ich noch hier. Ich hab Dich so unendlich lieb, habe so große Sehnsucht, lebe nur in Dir, für Dich! Das weißt Du.

Küsse! Hans.

27. 2.

Guten Morgen mein Herz . . . Wenn ich doch nur die Hand auszustrecken brauchte, um Dir über den Kopf zu streichen, einen festen Kuß, ein Blick auf den See und raus aus dem Bett! Ich habe Dich so wahnsinnig lieb. Du darfst Dir meinetwegen wirklich keine Sorgen machen, wollte ich Dir sagen: Der Bunker hier hält. Das Haus hat am 3.2. nicht weniger als 8

---

9 Prof. Jürg Zutt, Schüler und Kollege von Prof. Karl Bonhoeffer, der sich wegen der häufigen Fliegeralarme häufig in Sakrow aufhielt.

10 Prof. Max de Crinis, Nachfolger auf dem Lehrstuhl Karl Bonhoeffers, zugleich SS-Führer. Zu seiner Rolle im Verfahren gegen Hans v. Dohnanyi vgl. E. Bethge, Dietrich Bonhoeffer, 907f.

Volltreffer bekommen, und wir haben im Bunker nur ein bischen gewackelt. Er hat nicht einmal Risse bekommen. Dann: für Nachrichten sind die Becher glaube ich ganz gut geeignet. Nur der Boden muß ganz *glatt* sein und muß überall anschließen. Wenn Gruß mit Ausrufungszeichen darauf steht – Du kannst den Gruß auch einfach *unterstreichen*, suche ich eine Nachricht darin. *Bitte, bitte*, schicke mir *keine* infizierte Speise, wenn für Dich dabei Infektionsgefahr besteht! Du darfst nicht krank werden! – Huppenkothen ist Sondereggers Vorgesetzter. *Meide* einen Kriminalrat Stawitzki. Stawitzki war bisher Sachbearbeiter. (auch *dessen* Vorgesetzter ist Huppenkothen.) – Ich erzähle dem Dr. Ense so viel aus unserem Leben. Wie traumhaft schön hast Du es mir gemacht. Immer wieder lande ich bei Dir! . . .

Ich muß Dir noch sagen: Runge hat *faible* für Maria. Seinen Namen kannst Du durch sie erfahren haben (was sie wissen muß). Er fand auch Dietrich einen »anständigen Menschen«. Vielleicht sagt er ihr, wenn sie es geschickt anstellt, auch, wohin Dietrich gekommen ist. Deine Grüße und kurzen Mitteilungen auf dem Inhaltsverzeichnis vom vorigen Mittwoch, das Anna[11] brachte, haben mich so wahnsinnig gefreut. Seit dem 30.1. der erste »Brief« von Dir. Solche kurzen Mitteilungen sind zulässig. Schreib mir immer was aufs Inhaltsverzeichnis, ja? Ich möchte wissen, was Du und die Kinder machen, wie es mit dem Kriegseinsatz steht. Es ist das schwerste für mich, daß ich nur auf meine Phantasie angewiesen bin. Schreib aber auch Briefe! Bitte! . . . So ist es, man kann nicht aufhören! Soviel fällt mir noch ein und soviel Liebe möchte ich Dir sagen. Sei nicht bös, daß ich Wünsche habe, die so schwer zu erfüllen sind! Ich höre z. B., es gibt draußen keine *Streichhölzer* mehr; das habe ich nicht so gewußt! Mach Dir keine Mühe. Schick mir bitte ein Feuerzeug. Benzin kann ich vielleicht hier kriegen. Wegen der *Gläser* berufe Dich darauf,

---

11 Hausgehilfin bei Schleichers.

daß ich bisher immer welche bekam, notfalls kann man sie in der Küche abgeben (das ist die Regel). Bitte schreib, was Ihr macht. Ich weiß nichts von Euch im Einzelnen. Wenn Du geschrieben oder Brief abgegeben hast, *unterstreiche* meinen Namen auf Inhaltsverzeichnis. Ich habe Zelle 28. Runge hat am Mittwoch 7.3. Dienst, immer einen um den anderen Tag. Dietrich habe ich gesehen; sah munter aus. . . .
Wenn ich wegkommen sollte, gilt: Datum *ohne* Ortsangabe heißt: ich bin fortgeschafft. Ort ergibt sich dann aus den Anfangsbuchstaben der Worte 1, 3, 2, 4 in den entsprechenden Zeilen . . .
*Schickt mir ein paar Handschuhe, wenn Du dies bekommen hast.* Küsse die Kinder. Was ist mit ihrem Einsatz? Kommt Klaus vor der Einziehung zur Wehrmacht noch mal nach Hause? Ich schätze 8–10 Wochen noch, dann ist der Krieg aus. Nach dem Fall von Stettin Offensive auf Berlin. Paß auf Dich auf, mein Herz!

Küsse! Hans.

[Genehmigter Brief]                Berlin,
                                   [Prinz Albrecht-Straße 8]
                                   8.3.1945

Mein geliebtes Herz,
Hab so viel Dank für die schönen Sachen, die Du mir gestern wieder geschickt hast. Der warme Kaffee war so erholsam – wie lange ist es her, daß ich etwas so Gutes genossen habe! Ich will nicht unbescheiden sein, aber wenn Du mir gelegentlich mal wieder ein Fläschchen beilegen kannst, wäre das herrlich. Hier Kaffee kochen zu lassen, ist beinahe zu schade. Auch die Bonbons waren sehr angebracht, ich hab etwas Kratzen im Hals, garnichts besonderes, geht sicher bald vorbei, da ist es gut, was zu lutschen zu haben. Habt Ihr davon noch welche? – Für Dich waren die Zeichnungen, die den Kindern durch

Herrn Sonderegger freundlicherweise ausgehändigt wurden, hoffentlich eine kleine Freude. Durch das viele Hin und Her, den Staub usw. war Bärbelchens Bild doch schon stark verwischt, und es hätte mir vor allem um das Aquarell leid getan. Inzwischen hat sich der Garten ja wohl stark verändert, und ich bin mir auch darüber klar, daß die Baumgruppen etwas zu sehr auseinandergezogen sind – ich habe das absichtlich so angegeben, um den Durchblick auf das Haus freier zu machen – »Künstlerfreiheiten« – Kläuschens Bild muß verschoben werden. Die Lichtverhältnisse sind hier anders als in Sachsenhausen und leider ärgert mich mein rechter Arm wieder – aber es ist nichts bedenkliches. Deinen Brief vom 27.2. hat Herr Sonderegger mir vorgelesen; es ist ein Satz darin beanstandet worden, frage doch bitte bei Gelegenheit welcher, damit Du Dich danach richten kannst. Ich bin so froh, daß von Kläuschen gute Nachrichten kommen. Hoffentlich hat er meinen Brief nun auch gekriegt. Wie steht es eigentlich mit seinem Abitur? Hat er es bekommen? Ich glaube hierzu bedarf es eines besonderen Beschlusses des Lehrerkollegiums. Im Völkischen Beobachter vom 2.3. war eine Mitteilung, wonach in Potsdam der Schulunterricht jetzt im Wege der Hausaufgaben und gemeinschaftlichen Hausunterrichts vor sich gehen soll. Ist Stoffel davon betroffen? Bärbeleins Fortschritte in der Dolmetscherei (wo liegt eigentlich die Schule?) würden mich sehr interessieren. Gestern war Gretes[1] Geburtstag – wie sie ihn wohl begangen haben mögen? Karl Friedrich wird wohl kaum hingefahren sein. Die Bogen sind immer so klein! Aber der Platz reicht noch für einen Kuß an die Kinder; Dich drücke ich fest an mein Herz!

Dein Mann

---

1 Grete, seine Schwester und die Frau von Karl-Friedrich Bonhoeffer, befand sich mit den Kindern in Friedrichsbrunn.

Mein über alles geliebtes Herz,
mit welchem Herzklopfen ich gestern aus dem Köfferchen einen rotbemützten Becher auftauchen sah, kannst Du Dir kaum vorstellen. Dann das Buch und – etwas zu eilig aufgerissen – die Thermosflasche! Endlich, endlich ein paar Zeilen von Dir – seit über einem halben Jahr ein Geschenk, für das ich dem lieben Gott im Nachtgebet gedankt habe. Hab so vielen Dank, mein Lieb. Auch daß du den Brief abgegeben (Namen auf Inhaltsverzeichnis unterstrichen) und mit den Kindern Inhaltsverzeichnis geschrieben und die wichtigsten Nachrichten darauf geschrieben hast! Runge grinste über das ganze Gesicht und sagte: »Maria ist mit dabei«. Hoffentlich hat er ihr etwas über Dietrich sagen können. Übrigens, eh' ichs vergesse: Schreib in Briefen möglichst *nicht* den Namen Sonderegger, weil die Briefe auch an höhere Stellen gelangen können und Sonderegger nicht in den Verdacht kommen will, uns irgendwelche Vergünstigungen zu gewähren. Dadurch, daß ich ihn jetzt mehrfach in Briefen erwähnt habe, die ich ihm *unmittelbar* übergeben konnte, ist er genug flattiert. – Die Vernehmungen gehen fort, und es ist klar, womit ich zu rechnen habe, wenn nicht ein Wunder passiert.
Das Elend um mich herum ist so groß, daß ich das bischen Leben wegwerfen würde, wenn *Ihr* nicht wärt. Aber der Gedanke an Euch, Deine große Liebe und meine Liebe zu Dir gibt mir einen Lebenswillen, der so stark ist, daß ich manchmal glaube, er muß sich durchsetzen – und wenn die Welt voll Teufel wär! (oder ob das nur ein Mann dichten konnte, der die Freiheit besaß?) Deswegen habe ich auch vor *keiner* Infektionskrankheit Angst. Ich weiß genau, ich würde mich mit dem Gefühl hinlegen: das ist die Lebensrettung nicht nur für mich, sondern für viele andere auch, deren Sache mit der meinen verbunden ist, jedenfalls für Dietrich. Von mir aus Cholera oder Typhus; natürlich habe ich den Diphterieabstrich sofort in den Mund gesteckt und gründlich ausgekaut, aber

aus technischen Gründen war es erst abends um ½8 möglich (Ense saß die ganze Zeit am Bett) und ich hatte das Gefühl, daß die Watte schon recht trocken geworden war. Nun esse ich noch möglichst rasch die Bonbons auf. Diphteriebazillen sind dem Vernehmen nach nicht sehr flüchtig, können aber Austrocknen nicht vertragen, sondern brauchen eine gewisse Feuchtigkeit, um sich zu halten. Inkubationszeit 3–8 Tage. Ich *fürchte* daß ich immun bin und nichts kriegen werde. Aber Wiederholung liegt durchaus im Bereich des Möglichen. Schick mir ruhig nochmal eine Kultur und *wenn Du noch etwas anderes hast, das dazu.* Aber Paß ja auf Dich auf, daß Du dabei nichts attrapierst!! Deshalb Achtung auch bei dem bunten Taschentuch, es kann ja sein, daß ich jetzt Bazillenträger geworden bin, ohne selbst zu erkranken.

Ich *muß* hier raus und in ein Krankenhaus, *aber so, daß ich nicht weiter* vernommen werden kann! Ohnmachten, Herzanfälle imponieren nicht und wenn ich *ohne* neue Erkrankung in ein Krankenhaus komme, ist das sogar gefährlich, weil sie mich dann schnell gesund machen. Sonderegger sagte heute: »Es liegt in Ihrem eigenen Interesse, daß die Vernehmungen bald abgeschlossen werden können. Der Reichsführer hat kein Interesse daran, Sie hierzubehalten, er möchte, daß Sie gesund werden«. Soll ich das mal in Deutsch übersetzen? Es heißt: »Der Reichsführer möchte die Vernehmungen sobald wie möglich abschließen. In der Zeit, in der die Anklageschrift verfaßt wird, sollen Sie dann in ein Krankenhaus – vielleicht nach Mitteldeutschland oder Bayern (das hängt ganz von der Kriegslage ab) gebracht werden. Dort werden wir Sie schon verhandlungsfähig machen. In der Verfassung, in der Sie jetzt sind, kann man Sie schlecht vor ein Gericht stellen, aber in 3–4 Wochen haben wir Sie dann so weit!« Dieses Konzept würde ich den Kerls so gern verderben. Glaub mir – ich habe die Dinge eigentlich *leider* bisher richtig gesehen, *es gibt keine andere Lösung als eine neue schwere Erkrankung.* Hab keine Furcht für mich davor! Ich überstehe sie – aber selbst wenn das nicht der Fall sein sollte, so wäre für die andern viel gewonnen und für mich – im Ergebnis nichts verloren, denn ich habe nichts mehr zu verlieren. *Aber ich muß mich Euch, wenn es irgend geht erhalten. Darum* ziehe ich das unsichere Leben dem sicheren Tod vor. –

Sei mir nicht bös mein süßes, geliebtes Herz, daß ich Dir solche häßlichen Dinge schreibe; ich glaube nicht, daß sie Dich erschrecken. Du weißt, wie die Dinge stehen, weißt sicher sogar mehr, als Du mir zugeben willst, weil Du Rücksicht auf mich nehmen willst. Das brauchst Du nicht – ich habe mit allem abgeschlossen, habe so viel gesehen und erlebt hier, daß es nur noch *eines* gibt, was mich umwerfen würde, und das wäre, wenn Dir etwas geschähe. *Das* darf nicht sein, ich bitte jeden Tag meinen Herrgott darum! *Und darum geht vor der Hilfe für mich auch der Gedanke an Dich und Deine Freiheit und Gesundheit.* Das bedenke immer, bitte, bitte! Glaube nicht, weil ich nun über einen gewissen Punkt hinweg bin, daß ich gleichgültig geworden wäre. Im Gegenteil – ich *will* mich ja wehren, aber es gibt jetzt kein anderes Mittel mehr, als die *baldige* neue Erkrankung: Denn sie haben alles, aber auch alles in der Hand. Wer der Verräter ist, ich weiß es nicht, es ist mir letztlich auch gleichgültig. –

Daß Eberhard[1] auch verhaftet ist, wohl im September bei uns draußen (!), habe ich heute durch Sonderegger gehört. Das verstehe ich nun überhaupt nicht mehr. Übrigens wird er mit mir in keine Verbindung gebracht, Sonderegger fragte nur, wie es käme, daß er bei uns gewohnt habe, er wußte anscheinend nichts davon, daß er der Schleichersche Schwiegersohn ist. Auch die Bekanntschaft mit P. wird von Sonderegger *nicht* hoch eingeschätzt; Sonderegger sprach von P., den ich »wohl mindestens dem Namen nach kannte«. P. scheint übrigens ungeschickt über Dietrich ausgesagt zu haben, der sich dann seinerseits wieder auf mich als Quelle berufen hat – ein Rattenschwanz von Aussagen, die nicht ungeschickt gegen-

---

1 Eberhard Bethge war im Oktober 1944 als Soldat in Italien verhaftet und in das Gefängnis Lehrter Straße 3 gebracht worden.

einander ausgespielt werden. – Ich glaube, ich kann nicht mehr viel helfen. –

Es bleibt bei folgendem: rot heißt: infizierte Speise (Tintenklex auf Becher). Thermos und Becher sehe ich immer durch, auch sonst prüfe ich genau, tu Du das gleiche! Wenn auf einer Umhüllung steht: Gruß von . . . (es braucht kein Ausrufungszeichen oder Unterstreichung dabei zu sein) so ist Nachricht darin. Wenn Ihr die Sachen sonst (z. B. »Speise«, »Kaffee« usw.) [beschriftet] so tut Ihr es nur, damit ich sehe, wer zu Hause ist. Bei allen anderen Verabredungen bleibt es (möglichst Beschriftungen, Inhaltsverzeichnis p. p. zu Dritt, jedenfalls aber *Deine* Schrift u.s.w.). –

Mein Engel, ich möchte Dir so gern einen Liebesbrief schreiben, und es sind immer diese widerlichen Dinge; aber wir müssen sie gemeinsam schaffen, und seitdem ich nicht mehr allein bin, Dir schreiben, von Dir hören kann, glaube ich auch, wir schaffen es! Ich glaube es gibt ganz wenig Männer, die so glücklich und so reich sind, wie ich. Das Leben, die vielen, vielen Schicksale die in dem letzten halben Jahr an mir vorbeigezogen sind, haben es mich *noch* mehr gelehrt als ich es schon wußte. Das Glück und der Reichtum meines Lebens, Du bist es, Du Du! Siehst Du, ich habe mir überlegt, ob ich den harmlos Heiteren spielen sollte, Dich an den Gedanken, die ich *jetzt* habe, nicht teilnehmen lassen soll. Ich glaube es wäre ein Unrecht. Du hast ein starkes Herz, und Du wirst, denke ich mir, lieber *mit* mir als *neben* mir leben wollen. Oder ist das alles nur sehr egoistisch? Ich jedenfalls werde wunderbar gestärkt, in dem Gefühl, daß Du nun besser um mich weißt. Ich bin ganz vernünftig, will diesen Weg nicht zu oft beschreiten, will mir vieles, was ich erlebte und erlebe, für später zum Erzählen aufbewahren. Aber ich *mußte* einiges loswerden und vor allem: solange wir noch handeln können, *müssen wir handeln.* Der Krieg, die SS kann uns jederzeit einen Strich durch die Rechnung machen, und *ich fürchte die Verlegung aus Berlin.* Ich möchte unter allen Umständen hier in Berlin bleiben. So nah wie möglich bei Euch; solange bin ich den Kerls auch noch nicht ganz ausgeliefert. Alles endet immer wieder bei der Lösung: neue Erkrankung! Maßlos schwer ist das Los der Eltern. Ich möchte so gern helfen – kann ich es anders?

Mein Engel, mein alles! Daß Du mich liebst, hab ich es verdient? Es ist ein so großes Glück, ich möchte vor Dir auf die Knie sinken und Dir danken dafür. Diesen Wunsch wird Gott mir erfüllen!

Küsse!! Hans.

Muß Dir noch einen Liebesgruß schicken. Wenn schon, denn schon. *Deinen Brief habe ich sofort vernichtet*, nachdem ich ihn fast auswendig konnte. Mein süßer Engel Du – wenn ich so höre von den vielen Anderen, so gehts doch eigentlich keinem so gut wie mir; keiner hat so eine Frau wie ich, und wenn ich manchmal ekelhaft war und ungerecht und eilig und »keine Zeit« hatte Dir zu zeigen, wie lieb ich Dich habe, *daß* ich Dich lieb habe, das hast Du doch immer gewußt, nicht? Vielleicht hatte Maas[2] ganz recht: mit dem, was Du mir bist und die Kinder und was ich äußerlich erreicht habe, hätte ich doch der glücklichste Mensch unter Gottes Sonne sein können. Wozu dieses Sich-Beschäftigen mit den Dingen der Allgemeinheit – aber das sind so Gedanken, die auch wieder gehen. Ach, ich möchte sie mit Dir mal durchdenken, mal aussprechen können, was ich wirklich denke! – Nun noch dieses: Ich sehe, daß Deine Lösung der Aufschriftsfrage *viel* besser ist als mein Vorschlag. »Speise«, »Kaffee« also heißt: wer es geschrieben hat, ist munter zu Hause. »Speise«, »Kaffee« (oder mit Ausrufungszeichen dahinter) heißt: Nachricht. Also »Grüße von . . .« ist ganz unnötig. *Sonst bleibt es beim Abgemachten*. Bitte seid vorsichtig, jetzt ist auch die Tochter [Brigitte] Koch[3] verhaftet worden, weil man glaubt, sie weiß, wo

---

2 Vgl. die Anm. 5 auf S. 77.
3 Brigitte Koch, Tochter des Rechtsanwalts Dr. Hans Koch, der Martin Niemöller bei dessen Prozeß verteidigte, im Winter 1940/41 mit Dietrich

Gisevius[4] ist. Die Kinder sind sich ja wohl klar, daß sie *absolut* schweigen müssen. *Renate* auch! Mein Herzelein, hab mich lieb wie ich Dich – es muß gut werden. Irgendwie. Das glaube ich ... Küsse, mein Alles!

Hans.


[Genehmigter Brief]                    Berlin, [Prinz Albrecht-Str. 8]
                                                            15.3.1945

Mein innig geliebtes Herz.
Gestern war wohl Stoffel da und brachte Dein schönes Paket. Hab tausend Dank. Es waren wieder so liebe häusliche Sachen dabei und das Wunder der Streichhölzer. Sei nicht bös, wenn ich ganz generell darum bitte; man braucht sie hier so nötig, vor allem auch nachts für die Kerze und wenn das Licht ausgeht, was bei Alarmen doch öfters der Fall ist. Wenn Du an Waschlappen denken wolltest, wäre das auch sehr schön; die meinen sind nun schon sehr erneuerungsbedürftig – aber wichtig ist das ja alles nicht. Ich möchte so gern von Dir mal was hören – seit dem Brief vom 27.2., der mir vorgelesen wurde, keine Nachricht mehr. Hast Du die kl. Skizzen bekommen, die von den Kindern gestern vor 8 Tagen ausgehändigt wurden? Ich wüßte so gern, was Du dazu sagst. Kläuschen muß nun doch wenigstens auf ein paar Tage nach Hause kommen. Verzeih meine blöde Schrift; die Augen wollen

---

Bonhoeffer, Hans v. Dohnanyi und Eberhard Bethge in Ettal zusammentraf und im Januar 1945 verhaftet wurde, weil er Dr. Gisevius beherbergt hatte. Auch er ist noch vor dem Kriegsende hingerichtet worden.

4 Hans Bernd Gisevius, während des Krieges in konsularischem Dienst in der Schweiz für die Abwehr tätig und dem Widerstandskreis um General Oster zugehörig. Er befand sich am 20. Juli in Berlin, hielt sich monatelang versteckt und konnte im Januar 1945 in die Schweiz entkommen.

manchmal nicht recht. Die Augen machen immer noch ein bißchen Schwierigkeiten. Aber das macht ja nichts. Es muß nur
abgewartet werden. Wird schon werden und ich kann auch
lesen. Fragte ich schon, wie es mit Stoffels Schule jetzt ist?
Und mit Bärbels Dolmetscherei. Kannst Du mir darüber
schreiben? Ich habe so viel, was ich wissen möchte. – All meine Gedanken drehen sich darum. Wir leben ja miteinander,
nicht? Aber meine Phantasie reicht doch nicht aus, mir alles so
vorzustellen. Mir geht es ganz gut – darum brauchst Du Dir
keine Sorgen zu machen. Schreib mir, wie es im Haus aussieht,
was Ihr treibt – es ist für Dich eine so schwere Zeit, für alle.
Jetzt kommt bald Papas Geburtstag, ich denke so viel an die
Eltern; wie geht es Mama? In Friedrichsbrunn alles in Ordnung? Umarme die Kinder. Ich drücke Dich an mein Herz!
Dein Mann.

[Genehmigter Brief]     [Berlin,
                         Prinz Albrecht-Straße 8]
                         15.3.45
Sehr geehrter Herr Sonderegger.
Würden Sie bitte den anliegenden Brief an meine Frau beför-
dern? Sind keine Briefe meiner Frau bei Ihnen eingegangen?
Ich wäre sehr dankbar, wenn ich sie bekommen könnte.
Ich hatte gehofft, Ihnen den Brief selbst geben zu können. Ich
bin Ihnen so dankbar, daß Sie auf meinen Zustand Rücksicht
nehmen. Aber wir müssen doch weiterkommen, nachdem Sie
terminmäßig gebunden sind. Durch den dummen Kollaps
von vorgestern ist nun wieder Zeit verloren gegangen. Aber
jetzt geht es ja wieder einigermaßen, und wir müssen doch
vorwärtskommen. Jedenfalls müssen wir einen Weg finden,
das Ziel zu erreichen, das Ihnen gesteckt ist. Und ich möchte
das Meinige dazu tun, soviel ich irgend kann. Wenn ich schlafe, wecken Sie mich bitte auf, ich habe Ihnen das neulich
schon gesagt.
Mit verbindlichem Dank
Ihr sehr ergebener v. Dohnanyi.

Handschriftliche Aufzeichnung von Dr. *Tietze*, dem Leiter der neurologischen Abteilung des Staatskrankenhauses

Gespräch mit Sonderegger am 6.4.45 morgens gegen 8 Uhr. Sonderegger stand vor dem Krankenhaus und wartete auf einen Wagen, der von der Prinz Albrechtstraße kommen sollte. Ich wollte zu Dohnanyi. Sonderegger ließ mich nicht mehr zu ihm, und verwickelte mich in ein Gespräch, das etwa folgendermaßen verlief.

T: Wollen Sie jetzt den Prozeß beginnen?

S: Die Sache ist ja abgeschlossen.

T: Bedeutet das das Ende Dohnanyis?

S: Er ist selbst schuld. Er hat gegen den Führer gearbeitet und hatte doch alle Chancen. Wie konnte er gegen den Führer arbeiten, der ihm doch eine so gut bezahlte Stellung gegeben hat (Er meint die Stellung als Reichsgerichtsrat). Dohnanyis Haltung war undankbar!

T: Wollen Sie ihn vernichten?

S: Ausweichende Antwort dann ... wir wissen, daß er das geistige Haupt des 20. VII. war.

T: Wohin fahren Sie mit ihm?

S: Das weiß ich noch nicht.

T: Haben Sie denn schon die Anklage und kommt noch ein Verfahren in Gang?

S: Wir haben ja alles gegen ihn in den Händen, wir brauchen ja nicht mehr.

T: Das bedeutet den Tod?

S: Achselzucken.

Christine von Dohnanyi [Berlin-Dah-
an ihren Sohn Klaus in Bundorf/Franken lem, Juli 1945]

Mein liebes Jungchen,
hoffentlich erreicht Dich nun dieser Brief. Seit wie langer Zeit
habe ich nun nicht mehr an Dich schreiben können und nur
durch Omama und Onkel Karl-Friedrich von Dir gehört. Du
wirst, wenn du bei Maria bist, nun wohl von allen Geschehn-
nissen in der Familie gehört haben, und es bleibt dazu nichts
zu sagen, als daß wir tapfer tragen müssen, was sie alle auf sich
genommen haben. Vom Vater hörte ich nichts tatsächliches.
Das letzte ist, daß er aus einem besonderen Bunker in Sachsenhausen, wohin er am 6.4. gebracht wurde, abgeholt wurde
und seit dem 15/16. April ist keine Spur mehr von ihm. So habe ich wenig Hoffnung, daß er noch am Leben ist. Papa selbst
rechnete fest damit, daß die Gestapo ihn ermorden würde.
Am 5.4. habe ich ihn noch heimlich bei Tietze im Staatskrankenhaus gesehen. Er war sehr ruhig, ließ Euch alle grüßen
und hatte seinen guten Humor, wie immer. Wenn wir uns
einmal sehen, dann erzähle ich Dir alles. Du wirst Dir auch
nicht mehr viel Hoffnungen gemacht haben und mit allem
rechnen. Sei tapfer, mein gutes Kind, der Vater war es auch.
Ich glaube, es ist richtig von Dir, noch dort unten zu bleiben.
Riskiere nichts beim Heimkommen. Solltest Du die Möglichkeit haben mit Herrn v. Sch[labrendorff][1], der Dir diesen
Brief überbringen will, selbst zu sprechen, so frage ihn um
Rat. Ich bin oft im Zweifel, ob es unter den augenblicklichen
Umständen nicht gut wäre, wenn wir alle versuchten, nach
dem Westen zu gehen, aber man kann keine Pläne machen,
solange man nicht weiß, in welchem Rahmen man leben kön-
nen wird.
Von Tante Sabine und Onkel Gert kamen Nachrichten[2]. Auch
ein wunderschöner Gottesdienst für Klaus und Dietrich war

---

1 Rechtsanwalt Fabian v. Schlabrendorff.
2 Aus Oxford.

in England, von dem sie uns erzählten. Hättest Du Lust, eine Weile in England auf die Schule zu gehen? Du kannst doch mit dem Lernen noch nicht Schluß machen, oder denkst Du wirklich bei der Landwirtschaft zu bleiben, auch jetzt, wo Du doch später sicher kein eigenes Land wirst besitzen können? Und auch dann solltest Du Landwirtschaft studieren können, und Du hast doch kein Abitur.

Ich will sehen, daß ich mit Deinem Direktor sprechen kann, aber bis jetzt war ganz Potsdam gesperrt, wegen der Konferenz[3].

Stoffel hat etwas Privatstunden und geht noch nicht wieder zur Schule, weil wir jetzt in Dahlem, Bachstelzenweg 5 wohnen. Unser Haus war von Russen beschlagnahmt und 7 Wochen bewohnt. So bin ich praktisch ausgebombt, d. h. es fehlt die Reinlichkeit eines Brandes. Am traurigsten bin ich eigentlich über die Behandlung von unseren Büchern, die »Nix gut« und infolgedessen in den Keller geworfen wurden.

Aber alles andere tangiert mich eigentlich nicht mehr. Man hat gelernt, vergängliche Güter nicht zu hoch zu schätzen.

Hans-Walter[4] kam gesund aus amerikanischer Gefangenschaft zurück. Er sieht wohl aus und hat nicht allzuviel durchgemacht, obwohl er es auch nicht sehr gut hatte.

Ich hoffe, Du hast keine allzu anstrengende Tätigkeit. Satt wirst Du ja dort werden, und das ist schon viel. Hier ist besonders die Fett- und Zuckerfrage eine rechte Kalamität.

Nun leb wohl mein gutes Herzchen. Gott helfe Dir in diesen schlimmen Zeiten, den richtigen Weg zu finden. Ihr habt ein gutes Blut und Erbe von Eurem Vater in Euch und werdet seiner wert sein. Das ist mein Trost und seine Hoffnung.

Leb wohl. Maria sage, daß ich von ganzem Herzen an sie denke. Vielleicht sprichst Du sie doch in der nächsten Zeit einmal. Wie gern spräche ich sie einmal.

Gott schütze Euch alle. Sei umarmt von Deiner Mama

---

3 Die Potsdamer Konferenz vom 17.7. – 2.8.45.
4 Hans-Walter Schleicher.

# JUSTUS DELBRÜCK

Am 25. November 1902 in Berlin geboren – 1920 nach dem Abitur im Ruhrgebiet als Bergarbeiter tätig – Juristisches Studium in Heidelberg und Berlin – 1930 Heirat mit Ellen von Wahl – 1933 Regierungsassessor am Landratsamt in Stade, dann Regierungsrat in Lüneburg – 1936 Referent bei der Reichsgruppe für Industrie – 1939 treuhänderischer Leiter einer Tuchfabrik in der Niederlausitz – Seit 1940 im Stab Canaris tätig – Anfang August 1944 verhaftet – Während der letzten Kampfhandlungen in Berlin Ende April 1945 aus dem Gefängnis freigekommen, doch kurz darauf von sowjetischer Seite in Haft genommen und Ende Oktober 1945 im Gefangenenlager Jamlitz verstorben.

## Mitteilungen

*Zwischen Leben und Sterben im Gefängnis Moabit schrieb Justus Delbrück: »Wenn Gott will, kann er durch den Tod eines Menschen mehr sagen, als durch sein Leben«. Das war ein Zuspruch für den Weg, den er vor sich sah.*
*Justus Delbrück wurde am 25. November 1902 in Berlin geboren. Sein Vater, der Historiker Hans Delbrück, stand wie die ganze Familie Delbrück in enger Verbundenheit zum*

preußisch-deutschen Kaiserreich und trug schwer an dem Zusammenbruch von 1918. Dennoch erkannte er die Demokratie als die in jenen geschichtlichen Stunden gegebene Form für Deutschland an und brachte der Haltung Eberts größte Achtung entgegen.

Der junge Justus Delbrück hing nicht an Verlorenem. Er beklagte auch nicht das Hinschwinden der materiellen Grundlagen des Bürgertums in der Inflationszeit, sondern sah darin eine Möglichkeit, den Blick und die Hände freizubekommen für die echten Anliegen des Lebens. Die Freude an allem Unverfälschten und Aufrichtigen war ein Grundzug seines Wesens.

Mit dem ihm eigenen unabhängigen Sinn formte Justus Delbrück sein Leben. Als er achtzehnjährig sein Abitur abgelegt hatte, fuhr er ins Ruhrgebiet, um bis zum Beginn des Studiums im Bergwerk zu arbeiten. Und später hat er während der Semesterferien, im wesentlichen aus sozialem Interesse, noch einmal im Zwickauer Kohlengebiet Bergwerksarbeit getan.

Zur Wahl seines Lebensberufes schrieb er, der sich schon während der Schulzeit stark mit Mommsen, Ranke und Hegel beschäftigte: »So sehr mich Geschichte interessierte, der Forschung wollte ich mein Leben nicht widmen. So sehr ich die Welt in den Büchern schätzte, so wollte ich selbst doch nicht durch Bücher wirken, sondern von Mensch zu Mensch.« Dieser Wunsch war bei ihm »eine Auswirkung der christlichen Wahrheit«.

Er studierte in Heidelberg und Berlin Rechtswissenschaften und trat in die Beamtenlaufbahn ein. Über sein Verhältnis zum Beamtenberuf äußerte er: »Ein Grund, weshalb ich mich auch als Beamter nicht unfrei gefühlt habe, ist, daß ich mir mein Glück nie von einer Karriere abhängig gemacht habe ... So war ich schon als Student überzeugt, daß es keinen Unterschied macht, ob man der Nachwelt, wie mein Onkel Clemens Delbrück, als Minister eine Reichsversicherungsordnung hinterläßt oder als Amtsrichter in Stadt und Land eine Reihe gu-

*ter Entscheidungen und besonders ein Andenken in den Herzen der Menschen. Darin sehe ich auch beim Beamten den eigentlichen Sinn des Lebens.«*

*Als 1933 Hitler die Macht übernahm, war Justus Delbrück Regierungsassessor am Landratsamt in Stade, kam von dort als Regierungsrat nach Lüneburg, gab jedoch 1936 den Staatsdienst, der bei der politischen Entwicklung den »eigentlichen Sinn des Lebens« für ihn verloren hatte, auf. Nach dreijähriger Tätigkeit als Referent bei der Reichsgruppe für Industrie übernahm er treuhänderisch eine Tuchfabrik in der Niederlausitz, wurde dann aber 1940 zur Abwehr eingezogen und arbeitete dort, eng mit Dohnanyi verbunden, im Stabe Canaris. Er benutzte jede nur mögliche Gelegenheit in Berlin, den Kontakt mit den Freunden zu halten, denen er sich politisch und menschlich verbunden fühlte. Unter ihnen war Klaus Bonhoeffer sein nächster Freund.*

*Mit Herz und Geist, mit Verantwortung und Einsatz gehörte Delbrück dem Kreis des Widerstandes und der Planung für das »Nachher« an. Er war sich dabei der weittragenden Bedeutung der Entschlüsse, die dort gefaßt wurden, bewußt. Der Kompaß für sein Urteil war allein sein Gewissen; doch sorgsame Überlegung und nüchterne Sachlichkeit leiteten sein Verhalten und Handeln. Wesentliche Merkmale seines Charakters waren der Zug zur Versenkung, sein Suchen nach Wahrheit, nach dem Geist Gottes. Daraus erwuchsen Liebe, Verstehen und tiefes Verlangen nach Gerechtigkeit für alle Menschen. Während der Haft traf er die Entscheidung, zum Katholizismus zu konvertieren.*

*Nach der Aktion vom 20. Juli 1944 wurde Justus Delbrück Anfang August verhaftet. Es gelang ihm jedoch, sein Verfahren hinauszuzögern. Nach acht Monaten der Ungewißheit und des Bedrohtseins wurde er, da er noch nicht verurteilt war, während der Eroberung Berlins entlassen.*

*Mit den Worten: »Ich bin durch, ich bin wieder da!«, die er am 30. April 1945 in sein Tagebuch eintrug, begrüßte er die wiedergegebene Welt. Aber der Gedanke an die mitgefange-*

*nen Freunde, deren Rückkehr er vergeblich erhoffte, trieb ihn*
*in unruhiger Suche umher.*

*Da erfolgte nach zwei Wochen seine erneute Verhaftung*
*durch einen sowjetischen Offizier – angeblich nur für drei Ta-*
*ge, um einige Angaben über die Widerstandsbewegung und*
*die Canarisgruppe zu machen. Aber Justus Delbrück kehrte*
*nicht zurück. Ende Oktober 1945 erlag er, nach dem Bericht*
*eines Mitgefangenen, durch die Haft geschwächt, einer jähen*
*Diphterieerkrankung im Lager Jamlitz bei Lieberose in der*
*Niederlausitz.*

*Annedore Leber*

[Aus dem                     [Berlin, Lehrter Str. 3]
Gefängnistagebuch]       20. August 1944–25. April 1945

In der Zürcher Novelle von Keller finde ich den Schlußspruch
aus dem Schwabenspiegel, dem ältesten deutschen Rechts-
buch aus dem Mittelalter:
»Es ist niemand so ungerecht, den es nicht unbillig dünkt,
wenn man ihm Unrecht tut. Darum bedarf man weiser Rede
und guter Künste, sie in den Rechten zu verwenden. Wer zu
allen Zeiten nach dem Recht spricht, der macht sich manchen
Feind. Dem soll sich der Biedermann gern unterziehen um
Gottes und seiner Ehre willen und zum Heil seiner Seele.
Der gütige Gott verleihe uns, daß wir das Recht also lieben in
dieser Welt und das Unrecht schwächen in dieser Welt, daß
wir dessen genießen dort, wo Leib und Seele scheiden.«
Dies für die Jungens, ob sie nun Juristen werden oder sonst
als Männer durch die Welt gehen.

Das ist das eigentlich Schöne an den Psalmen, daß sie diese
menschliche Not so ganz zum Ausdruck bringen – »Ich glaube, darum rede ich. Ich werde aber sehr geplagt.« Ps. 110
Es könnte übrigens sein, daß unsere evangelischen Kirchen-

lieder deswegen so trocken wirken, weil sie von einer falschen Sicherheit ausgehen. Darin muß man Keller recht geben. Unsere Kirche posaunt uns den Glauben ins Ohr wie $2 + 2 = 4$, eben als ob es nur eine einfache Sache des Begreifens mit dem Verstande wäre. – So ist's aber nicht. Der Psalmist ringt mit dem Glauben wie Jacob mit dem Engel – »ich lasse Dich nicht, Du segnest mich denn« – und so ist's!

[Zu Dostojewskij's »Die Brüder Karamasoff«]
Was Aljoscha, der jüngste Bruder am Schluß über Erziehung sagt, ist ganz wahr und ein Trost in diesen wilden, erziehungslosen Zeiten: »Denn wißt, es gibt nichts, das höher, stärker, gesünder und nützlicher für das Leben wäre als eine gute Erinnerung aus der Kindheit, aus dem Elternhaus. Man wird Euch vieles über Eure Erziehung sagen, aber eine schöne und heilige Erinnerung, die man noch aus der Kindheit sich aufbewahrt, kann oft die allerbeste Erziehung sein. Wenn der Mensch viele solche Erinnerungen aus der Jugend hat, so ist er für's ganze Leben gerettet. Und wenn auch nur eine einzige gute Erinnerung in seinem Herzen bleibt, so kann auch diese einmal zu seiner Rettung dienen.«

[Brief an seinen Sohn]                    [Berlin, Lehrter Str. 3]
                                                im Advent 1944

Lieber Klaus,
Du wirst nun schon 14 Jahre, und ich denke an die Zeit, als ich vierzehn Jahre alt wurde, das war am 25. November 1916 mitten im ersten Weltkrieg. Bomben gab's ja damals nicht in Berlin, und so brauchten wir unser schönes Haus im Grunewald nicht zu verlassen. Aber sonst war's ähnlich und im Essen schwieriger, jedenfalls der Kohlrübenwinter ist mir in nicht angenehmer Erinnerung. Die Reifen von den Rädern wurden beschlagnahmt, und das hat mich am meisten be-

trübt. Dann seh ich in den bitterkalten Winter 1917 uns in
zwei Zimmern um Gas und Petroleumöfchen hocken. Dann
waren wir Jungen auch immer irgendwie beschäftigt, mit
Sammlungen und auf andere Weise, obwohl es nicht so
durchorganisiert war wie heute.

Zur Landarbeit kam ich zum ersten Mal im Herbst 1917, also
mit fünfzehn Jahren. Wir hackten Kartoffeln auf einer Domä-
ne in der Neumark; ich war der Jüngste und fand es recht an-
strengend.

Schöner war es dann im nächsten Sommer, wenn auch die Arbeitszeit lang, die Hitze groß und die Schuhe hart und
schlecht waren.

Ich blieb aber mit zwei Kameraden noch länger, und wir ver-
tilgten täglich dreißig Pfund Kartoffeln. Am Sonntag waren
wir zu Mittag auf dem Gut eingeladen, und da gab's einen
richtigen Braten, und ich ärgerte mich jedes Mal, daß ich
nicht den richtigen Wochenhunger hatte, weil am Sonntag
auch das Frühstück gut und spät war.

In der letzten Zeit des Krieges waren wir auch als Sanitäter
eingesetzt. Wir erwarteten die Lazarettzüge auf den Bahnhö-
fen und halfen als Träger beim Transport in die Lazarette.

In der Schule gab es immer neue Hilfslehrer als Ersatz für
Eingezogene. Das war zum Lernen nicht sehr förderlich, trug
aber zu unserer Belustigung bei. So erinnere ich mich noch an
einen schmächtigen Mann, den Lehrer Henri, der trug selber
gern Gedichte vor, obwohl er mit der Zunge anstieß und
spuckte; wir feuerten seinen Eifer natürlich an und belohnten
ihn durch einen tobenden brüllenden Beifall, so daß mir das
Männchen schon leid tat; aber nach der Stunde sagte er zu mir
und einigen Kameraden, er hätte sich heute doch gefreut, eine
solche Begeisterung hätte er gar nicht erwartet! – da muß ich
heute noch lachen. Auf gute Schulzeugnisse legte, zum Glück
für mich, mein Vater keinen besonderen Wert, nur daß man
nicht sitzen blieb, und als ich einmal mit einem unangeneh-
men Lehrer Schwierigkeiten hatte, erzählte er mir die Ermah-
nung eines alten Onkels Henning an seinen Sohn Ottobald:

»Betrachte deine Lehrer als wilde Tiere und suche mit ihnen fertig zu werden!«

»*Ich* sage Dir das nicht«, fügte er auf die besorgte Einwendung von Mama hinzu, »ich erzähle es dir nur.«

Im übrigen war aber sonst in unserer Schule ein netter und freier Ton zwischen Lehrern und Schülern, so daß es besonderer Vorsicht nicht bedurfte, um mit den Lehrern auszukommen. Und in den höheren Klassen gab es auch zwei ausgezeichnete Lehrer, Martin Havenstein und Walter Kranz, von denen man etwas haben konnte. Nur fehlte es mir im Griechischen zu sehr an den Grundlagen, wie ich überhaupt bedaure, nicht mehr in der Schule gelernt zu haben, auch in der Naturwissenschaft wüßte ich gerne mehr.

Es liegt also schon in Deinem eigenen Interesse, auf der Schule alles zu lernen, was man lernen kann; denn vieles holt man später schwer nach.

Nun kommt aber auch die Zeit, wo ein eigenes Interesse für dieses oder jenes Gebiet bei Dir erwachen wird, dann halte Dich dran, das ist noch wichtiger als Schulfleiß. Als ich mit 15–16 Jahren anfing, mich für Geschichte zu interessieren, da erinnere ich mich noch, daß ich mir zu Mommsens Römischer Geschichte selbst ein Pensum gemacht habe, eine Seitenzahl, die ich täglich lesen wollte. Denn zwischen den Partien, die mich interessierten, standen auch manche, zu denen ich mich zwingen mußte. In der schönen Literatur waren es die historischen Romane und die Gedichte von Conrad Ferdinand Meyer, die mich begeisterten. Ich habe sie später aber nicht mehr zur Hand genommen. Lene schickte mir eben etwas von ihm, und unter den Gedichten finden sich gute alte Bekannte, und die Ballade vom Tod des Vercingetorix finde ich wieder sehr schön.

Die Klassiker Goethe, Schiller und auch Shakespeare las ich auch, und in dem Gefühl, man müßte sie gelesen haben, viel zu früh. Zu diesen Sachen soll man sich nicht zwingen. Die Wunderwelt der Poesie kommt zu uns, wenn wir ihrer bedürfen.

Aber wenn Du ein Gedicht schön findest, so lerne es auswendig, es ist ein unendliches Vergnügen, den Wohlklang in schöner Sprache zu ahnen, das ich eben sehr genieße, eine Szene nach der anderen aus dem Faust zu lernen.

Im November 1918 stand ich vor meinem sechzehnten Geburtstag. Mit dem preußisch-deutschen Kaiserreich zerbrach das Reich, dem die Familie Delbrück seit Generationen eng verbunden war, und der 70ste Geburtstag meines Vaters am 11. November 1918 war wie eine Totenfeier. Aber wenn man jung ist, kann man nicht nur um Verlorenes trauern, und ich spürte etwas Neues. Mit der Inflation, die nun einsetzte, ging auch die materielle Grundlage des Bürgertums weithin verloren, und gerade darin fand ich etwas, das meine Phantasie reizte. Ich erinnere mich noch, daß ich einmal zu meinem Vater sagte, ich hätte von der Zeit vor 1918 die Vorstellung wie von einer vergoldeten, weißlackierten Kinderstube, und jetzt wär's mir wohler.

Die Einschränkungen des Krieges hatte ich aus Patriotismus gern auf mich genommen – bis zu einem Versuch barfuß zu laufen – und nun war mir der alte Sokrates ein geliebtes Vorbild. Seine Lehre, daß man niemals etwas auf die Meinung der Menge geben dürfe und sich stets nur um das Urteil der Guten und Edlen – oder Schönen, wie es die Griechen ausdrücken – zu kümmern habe, legte ich mir so aus, daß alle die etwas auszusetzen hatten an meiner alten Militärjacke mit Schillerkragen, den unordentlichen Wickelgamaschen, den langen, nicht geschnittenen Haaren – die gehörten dann eben nicht zu den Guten-Edlen, auf die es allein ankam.

In der Schule fühlte ich mich in den letzten Jahren durchaus wohl. Die damals versuchsweise eingeführte Wahlfreiheit in einzelnen Fächern benutzte ich, um mehr Griechisch zu lernen, und wenn es auch mit der Grammatik bisher schwach war, so erkannte man doch mein Interesse an. Die weiteren Segnungen der Revolution, der Schülerrat und die Vollversammlungen in der Aula, besuchte ich allerdings nur, um mich darüber lustig zu machen und Verwirrung zu stiften.

Im Februar 1920 machte ich mit einiger Mühe mein Abitur; und nun wartete ich in Verachtung aller Formen die feierliche Verabschiedung in der Aula gar nicht ab, sondern setzte mich in der dunklen Frühe in einen Wagen vierter Klasse, um nach Dortmund zu fahren. Dort wollte ich bis zum Beginn des Semesters im Bergwerk arbeiten.

Damals hatten die Personenzüge noch die vierte Klasse, die Wagen waren ohne Abteil wie die Gepäckwagen, mit nur einer Bank an jeder Wand. Eine Fahrkarte 3. Kl. für den D-Zug, mit dem ich in der halben Zeit hingekommen wäre, hätte mir mein Vater auch gegeben; aber das ging auf keinen Fall; ein anständiger Mensch konnte nicht in der 3. oder gar 2. Klasse fahren, dort fuhren nur engherzige Philister. In der vierten Klasse dagegen fuhren die freien Menschen, die sich gegenseitig halfen und sich freundlich unterhielten. In Dortmund suchte ich mir ein Quartier und ging treppauf, treppab, da kam mir schon auf der Straße ein Arbeiter nach und sagte, die Frau in der Wohnung oben wolle mich doch aufnehmen, sie hätte gedacht, ich würde sonst zu den Leuten unten im Hause gehen, und das wären schlechte Menschen, und ich könnte mit in seinem Zimmer schlafen.

So hatte ich dann Quartier in der Tremoniastraße 30; den Namen der guten Leute habe ich vergessen, der Mann war Kauenwärter auf der Zeche Tremonia. Dann bekam ich auch meine Grubenlampe und fuhr mit in den Schacht. Immer vierundzwanzig Leute hockten sich in die zwei Etagen des Förderkorbes, stumm die Lampe zwischen den Knien, und dann ging's in einem Hui 600 m tief, daß die Ohren sausten. Unten mußte ich noch wenige Minuten wandern, oft mich bückend, bis ich zum zehnten Bau einem kleinen Kohlenaufzug kam; hier wurde erst noch eine kleine Schwätzpause gemacht, bis der Letzte heran war – 700 Arbeiter fuhren in 20 Min. ein. – Und dann blieb ich allein, denn meine Aufgabe war es, die leeren Wagen herein – und die vollen hinauszuziehen und mit einer Gabel an dem ständig laufenden Drahtseil auf die Fahrt zu schicken.

Zuerst war ich in der Nachmittagsschicht eingesetzt, da wurde mehr gebaut und weniger Kohlen gefördert, so hatte ich ein bequemes Leben, und das verdroß mich gewaltig, denn ich war doch nicht hergekommen, nur um das Geld für das Studium zu verdienen, sondern wollte auch etwas Schwieriges arbeiten, da ich doch den Schützengraben nicht mehr kennengelernt hatte.

Nachher kam ich dann auch in die Frühschicht, und da gings flott zu, und man mußte aufpassen, daß es keine Stockung gab durch Entgleisen beim Herausziehen, denn von dem Zulauf der leeren Wagen hing die Förderung und der Akkord der Arbeiter ab.

Mein größter Wunsch, selbst mit vor die Kohle zu kommen, erfüllte sich hier aber nicht. Das lernte ich erst später im alten Wilhelmsschacht in Zwickau kennen. Dort lag ich mit in einem heißen nur 1 Meter hohen Flöß und arbeitete mit Feuereifer und Spitzhacke und Schaufel bei aufmunternd taktmäßigem Geratter der Kohlenrutsche. Und als mir ein Arbeiter sagte, du machst aber gar nicht schlapp, da war das die herrlichste Auszeichnung.

Während ich aber so stolz war, ein Bergarbeiter zu sein, konnte ich mich nicht genug wundern, daß die Arbeiter selbst davon sprachen, wie verachtet der Stand der Bergarbeiter wäre, und daß sie ihr Kennzeichen, die blauen Kaffeeflaschen, beim Gang durch die Stadt sorgsam versteckten.

Auch noch anderes fiel mir auf. So konnten meine Kumpels es nicht mit ansehen, daß ich keinen Hut hatte, und schließlich schenkte mir einer einen alten schwarzen Filz, den ich in der Grube auch tatsächlich getragen habe. Auch fragte man mich bald, warum ich mich noch nicht rasierte, denn die jungen Arbeiter waren stolz darauf, sich möglichst früh zu rasieren. Mein Hauswirt, der Kauenwärter, genierte sich, mit einem uneingewickelten Brot über die Straße zu gehen. So merkte ich bald, daß Sitten dieser Art hier genau so fest geachtet waren wie bei den Bürgern. Das eigentümlich Freie und Unbefangene im Wesen des Arbeiters im Gegensatz zum Bürger liegt nicht in weniger festen Sitten, – wo sie weniger fest sind, ist's nicht gut – sondern darin, daß der Handarbeiter sich und seine Tätigkeit nicht so wichtig nimmt wie der Beamte seinen Dienst oder der Kaufmann sein Geschäft. Ein Mensch, der sich wichtig nimmt, ist unfrei, er muß immer aufpassen, daß auch ja alle seine Wichtigkeit anerkennen. Bei den Bauern im Kreis Stade habe ich's später auch gesehen. Unbefangen, offen in ihrem Wesen und gastfreundlich waren die armen Geestbauern, während es viel schwieriger war, zu den dicken Marschbauern ein menschliches Verhältnis zu gewinnen.

Und bei den klugen Leuten ist es so, wie Claudius an seinen Sohn schreibt: »Will einer Dich lehren, so sieh, ob er sich etwas dünkt. Dünkt er sich was, so laß ihn ziehn.« Beim Adel heißt's: Noblesse oblige.

Zum Sommersemester fuhr ich dann nach Heidelberg. In eine Studentenverbindung einzutreten, kam bei meiner Anschauung nicht in Frage. Ich aß nicht einmal in der Mensa, dem Studentenmittagstisch, sondern in der Volksküche, und anstatt zu fechten, lernte ich boxen. Aber zum Glück für mich hatte der alte Sokrates das Weintrinken nicht verschmäht, ja nach dem Bericht von Plato im Symposion beim Gastmahl sogar erstaunliche Trinkfestigkeit bewiesen. So habe ich mit meinen Freunden nicht nur den Pfälzer-, sondern auch den süßen griechischen Wein in der alten Weinstube in Neckargmünd sehr genossen. Dabei konnte man denn auch das Biersaufen herrlich verachten.

Zu Pfingsten aber wanderten wir durch den Schwarzwald zum Bodensee, dem himmlischen Bodensee und noch in Abstechern nach Vorarlberg in die Alpen. Das Schönste aber ist der Schwarzwald mit seinen grünen Tälern, den dichten dunklen Wäldern mit den klaren Wasserbächen, so schön zum Abkochen. – Das wär was, wenn's der liebe Gott erlaubt, daß wir's nochmal zusammen machen!

Was das Studieren angeht, so fing ich gleich ernsthaft an, denn ich hatte das Gefühl, ich müßte gegenüber der Schule etwas ausgleichen. So trieb ich nicht nur meine Liebhaberei, die

Geschichte, zu der sich jetzt auch die Philosophie gesellte, sondern fing auch frühzeitig an, mich in die Juristerei zu vertiefen.

Daß ich Jura studierte, und *nicht* der Modestimmung folgend die Volkswirtschaft, die Nationalökonomie, hatte ich meinem Vater zu verdanken. »Die ganze Nationalökonomie kann die Katze am Schwanz wegziehen« sagte er und das genügte mir, und ich bin froh, daß ich auf der Universität keine Zeit damit vergeudet habe; ich habe es später durch Lektüre von Zeitungen und einigen Büchern gut nachgeholt.

Die Juristerei ist aber eine schwierige Materie und braucht ein richtiges Studium – wie das Latein auf der Schule, nimm mit in Demin, was Du kannst, man holt es später nicht nach und möchte es doch gerne haben. –

Über das juristische Denken schilt man zwar viel, aber das sind die vielen schlechten Juristen, die es in Verruf gebracht haben – wie die Frömmler die Frömmigkeit –. Den ersten Begriff vom Recht bekam ich dank des alten Buches von Ihering über den Geist des Römischen Rechts. Ich las es in den Semesterferien, wenn ich aus der Grube in Zwickau kam. Das juristische Arbeiten ließ ich mir aber schon im zweiten Semester von einem sogenannten Repetitor beibringen; ein Rechtsanwalt, der Lehrtalent und praktische Erfahrung besaß; die Professoren besitzen beides meist nicht, und ich habe nicht sehr viele Kollegs gehört; auch darin bestärkt von meinem Vater, der mir einen Ausspruch von Gneist, einem berühmten Rechtslehrer seiner Jugend erzählte: er hätte dreierlei Studenten, die einen sähe er täglich vor sich sitzen und eifrig mitschreiben, das wären die künftigen Amtsrichter, die anderen sähe er zweimal im Semester, nämlich beim An- und Abtestieren des Kollegbesuchs, und das wären die künftigen Kammergerichts- und Ministerialräte, und die dritten, die lernte er überhaupt nicht kennen, und das wären die zukünftigen Minister.

In den anderen Fächern habe ich manche interessante Kollegs gehört, aber keine Lehrer gefunden, die mich besonders beeinflußt hätten. Bei weitem das meiste habe ich aus Büchern gewonnen. Mein Vater las schon seit 1918 nicht mehr an der Universität, aber von ihm erhielt ich für Geschichte und Philosophie zwei Richtpunkte: Ranke und Hegel. Von Ranke habe ich im Laufe der Jahre alles gelesen und manches mehrfach und immer den größten Genuß daran gehabt. Bis zu Hegels schwerer Metaphysik bin ich nicht vorgedrungen. Ich habe mich mit Kant, Fichte und unter den Neuen Rückert abgeplagt und schließlich entdeckt, daß die Frage, die mich am meisten bewegte, die der Willensfreiheit, im Christentum ihre Lösung findet – in der paradoxen Form, in der Luther es in der Schrift von der Freiheit eines Christenmenschen ausspricht: »Der Christ ist ein Herr aller Dinge und niemand untertan, und der Christ ist Knecht aller Dinge und Jedermann untertan.«

Mein Vater hat mich auch manchmal gefragt, ob ich nicht Lust hätte, seine Laufbahn zu ergreifen und Geschichte zu meinem Hauptfach zu machen. Die großen Perioden der Weltgeschichte seien allerdings durch Ranke – mit seiner Ergänzung durch Einfügung der Kriegsverfassung in das politische Bild – endgültig aufgehellt. Auf einzelnen Feldern gäbe es aber doch noch manche Nachlese zu halten. So sehr mich aber auch die Geschichte interessierte, der Forschung und noch dazu nur der Nachlese, wollte ich mein Leben nicht widmen. So hoch ich die Welt in den Büchern schätzte, so wollte ich doch selber nicht durch Bücher wirken, sondern von Mensch zu Mensch. Mein Vater hatte aber Bedenken, ob mir die Beamtenlaufbahn behagen würde, weil es mir an der hierfür nötigen Fügsamkeit fehlte. So sehr ich aber auch von meinem Vater den Geist der Unabhängigkeit und sogar des Widerspruchs geerbt habe, so habe ich mich in der Verwaltung doch nicht unwohl gefühlt. – Mit Ausnahme der Referendarjahre, in denen der Widerwillen gegen schulmäßigen Zwang mit verstärkter Gewalt erwachte. – Manchmal habe ich anders gewollt aber auch meinen Willen gegenüber Vorgesetzten durchsetzen können.

Ein Grund, warum ich mich auch als Beamter nicht unfrei gefühlt habe, ist, daß ich mein Glück nie von einer Karriere abhängig gemacht habe. Dazu hat mir wieder die Philosophie verholfen. So war ich schon als Student überzeugt, daß es keinen Unterschied macht, ob man der Nachwelt wie mein Onkel Clemens D. als Minister eine Reichsversicherungsordnung hinterläßt oder als Amtsrichter auf dem Dorfe eine Reihe guter Entscheidungen und besonders ein Andenken im Herzen der Menschen – darin sehe ich auch beim Beamten den eigentlichen Sinn des Lebens.

Ich erinnere mich auch noch, als einmal während des Studiums durch die fortschreitende Inflation die wirtschaftliche Situation meines Vaters so bedroht erschien, daß es fraglich war, ob ich weiterstudieren könne, ob sich das bei den allgemeinen Untergangserscheinungen überhaupt lohne; da sprach Papa davon, es wäre besser, man würde Moorsiedler mit Kuh und Ziege, und in meiner Phantasie habe ich mich lebhaft mit diesem Gedanken beschäftigt.

An ein Gesprächsthema aus der Zeit nach dem Kriege erinnere ich mich noch besonders: das Frauenstudium. Großpapa war gar nicht dafür, und er mochte die Studentinnen in der Universität nicht sehen, besonders gar, wenn sie in Sandalen ohne Strümpfe herumliefen. Einmal, das war aber wohl schon vor dem Kriege, hatte er in einer Rede gesagt, es hätte ihm gar nicht gefallen, daß bei einem Universitätsfest »Frauenzimmer« unter den Studenten an den Kneiptischen gesessen hätten. Da kam nachher eine Führerin zu ihm und beschwerte sich über den Ausdruck »Frauenzimmer«, Großpapa lachte aber und sagte mit erhobenem Finger »Frauenzimmerchen, Frauenzimmerchen«, wie der Wachtmeister Werner in der Minna von Barnhelm. Ja, »chen« sagte sie, das ist was anderes.

Also gelehrte und besonders schriftstellernde Frauen mochte Großpapa (mit wenigen Ausnahmen) nicht. Das ist aber mehr was für Feli – also Feli, werde mir nicht zu gelehrt! Wie? Das willst Du auch gar nicht? Du willst es machen wie die

Müllerstochter, die nicht spinnen wollte? Na so was! Da paß man auf, daß der Prinz auch kommt. Und mein Hänschen, wie willst Du's machen? Wie Hans mein Igel? Wie Hans im Glück? Einen fröhlichen Mut hast Du ja, so kann's nicht fehlen. Paßt nur auf, alle drei, daß Ihr das graue Männchen oder den Fuchs nicht überseht, der Euch hilft, den goldenen Vogel aus dem goldenen Schloß zu holen. Und fliegt auch nicht fort wie die sieben Raben, daß meine süße kleine Gabriele Euch suchen muß in allen vier Winden.

Klaus, ja und wenn Du einmal eine Frau suchst, so mußt Du schon selber wissen, wer die Rechte ist. – Nur vor einem ist mir bang – denn weißt Du, Du hast eine Mutter – solch eine Mutter – das wissen wir beide – und da wirst Du am Ende vergleichen, und das tu nicht, das rate ich Dir gut, Du würdest niemals eine Frau finden – der liebe Gott wiederholt sich nicht.

Aber Feli und Gabrielchen[1], Euch kann ich da einen ganz guten Rat geben. Stellt den Kerl neben die Brüder, hält er's aus – so könnt Ihr zufrieden sein.

Aber ich bin abgekommen, und ich überlese, was ich von meinem Primitivitätskult, der Verachtung aller Äußerlichkeiten aufgeschrieben habe, ich erzähle Dir das nicht zur Nachahmung. Alle Güter der Welt, und dazu gehören auch die sogenannten Äußerlichkeiten, sollen wir genießen, wie sie uns zufallen. Wir sollen uns nur nicht von ihnen abhängig machen, und nur insofern ist's nicht schlecht, daß man sich einmal selbst zeigt, daß es wirklich nicht darauf ankommt. – Allerdings bleibt immer die Frage zu beantworten, wie weit uns die guten Dinge wirklichen Genuß bieten, und ob wir uns nicht manchmal täuschen lassen.

Wenn ich lese, wie vergnügt mein Großvater Berthold Delbrück mit seiner ganzen Familie als Kreisrichter in Bergen auf Rügen lebte, in dem kleinen Haus, das Du gesehen hast, mit einem gewiß kärglichen Gehalt, und ohne Radio, Auto, Ei-

---

1 Die Töchter Felicitas und Gabriele.

senbahn und auch ohne Centralheizung und WC, so scheint mir die Frage sehr nahezuliegen, ob uns die Wunder der Technik nicht in Wahrheit goldene Ketten geschmiedet haben – sie haben uns die Großstadt mit ihrer Unruhe und allgemein einer viel zu langen Arbeitszeit gebracht. Früher gab's keine Ferien, aber nicht, weil man mehr arbeitete, sondern weil man jeden Tag mit einem richtigen Feierabend beschloß.

Es gibt doch nur zwei Quellen menschlichen Glücks, die Natur und die Geselligkeit – und sind wir da weitergekommen, oder sind wir nicht vielmehr in der Lage Faustens, von dem der Teufel sagt:

Ihm hat das Schicksal einen Geist gegeben,
Der ungebändigt immer vorwärts dringt,
Und dessen übereiltes Streben
Der Erde Freuden überspringt.
Ihn schlepp ich durch das wilde Leben
Durch flache Unbedeutendheit.
Er soll mir zappeln, starren, kleben
Und seiner Unersättlichkeit
Soll Speis und Trank vor gierigen Lippen schweben,
Er soll umsonst Erquickung sich erflehn
Und hätt er sich auch nicht dem Teufel übergeben,
Er müßte doch zugrunde gehn!

Und als am Schlusse der alte Faust sein stolzes Bekenntnis zum Erdenglück im rastlosen Vorwärtsschreiten ausspricht – da erwidert höhnisch die Sorge:

Wen ich einmal mir besitze
Dem ist alle Welt nichts nütze!
Ewiges Düstre steigt herunter!
Sonne geht nicht auf noch unter!
Bei vollkommen äußern Sinnen
Wohnen Finsternisse drinnen!
Und er weiß von allen Schätzen
Sich nicht in Besitz zu setzen.
Glück und Unglück wird zur Grille
Er verhungert in der Fülle!
Ist der Zukunft nur gewärtig,
Und so wird er niemals fertig!

Es gibt auch noch andere böse Lebensgefährten, die uns nekken und quälen. Auch die Eifersucht – die Leidenschaft, die mit Eifer sucht, was Leiden schafft – ist so ein unheimlicher Geselle. –

So verneigt sich der heilige Greis vor dem jungen Dimitri Karamasoff bis zur Erde in Ehrfurcht vor den künftigen Leiden, da ihm sein Anblick eine edle aber wilde und eifersüchtige Seele enthüllt.

Nun, wir sind friedlicher und haben nicht das wilde Blut der Karamasoff, aber ein wenig schwer machen wir's uns doch. Ich will Dir aber auch erzählen, was ich Gutes über die Eifersucht gelesen habe. So ist die Eifersucht eine notwendige Begleiterin der menschlichen Liebe, jede Liebe will das Geliebte ganz und ausschließlich besitzen und je stärker die Liebe, desto eifriger wacht sie darüber, daß kein Dritter sich hineinmenge.

Wie steht's aber vor Gott damit, gehört nicht ihm all unsere Liebe und allen seinen Geschöpfen?

Da sind wir alle in der Lage des ungerechten Haushalters. Wir gehen mit der Liebe Gottes um, als wenn es unser Eigentum wäre. Wir erteilen sie nach Gutdünken und wen wir lieben, den machen wir groß in unserem Herzen und erlassen ihm nicht nur, was er uns schuldet, sondern wir erlassen ihm auch und rechtfertigen seine Schuld vor Gott – so erläßt auch der Haushalter eigenmächtig den Schuldnern seines Herrn etwas von ihrer Schuld – Aber siehe, der Herr lobte den Haushalter, weil er sich mit dem ungerechten Mammon Freunde gemacht hatte, und er will ihm die Schätze der Liebe, die er sich bei seinen Freunden gesammelt hat, anrechnen.

So ist's herrlich zu wissen, daß unsere Liebe hier immer ein Durchbruch zur göttlichen Liebe ist, daß, wenn wir in der Liebe vereinigt sind, uns nichts, nichts – nichts trennen kann. –

So ist's, so hab ich's geschrieben, und nun hoffe ich sehr, Du kannst es schon zum Geburtstag haben und die gute, beste Tante Lene holt es ab und schickt es Dir. Weißt Du, es ist schön, eine Schwester zu haben. Mit der Schwester gehen wir durch's ganze Leben. Mann und Frau kennen ihre Jugend, die Eltern unser Alter nicht. So etwa läßt's Sophokles seiner Antigone sagen. Das mußt Du auch lesen. Überhaupt die Griechen, aber davon können wir später noch viel schwätzen.

Gruß und Kuß Muschka, meine liebe Feli, mein Hänschen und die süße holde Gabriele

Dein treuer Vater

Brief an seine Frau                    [Marienburger Allee 43]
Montag, 30. April

Nun meine Ellen, meine Liebste, ich bin durch, ich bin wieder da – auch die Kriegsgefahr ist wohl vorbei. Ich sitze im Bonhoefferschen Luftschutzkeller – eben ist ein russischer Oberst eingezogen. Nur sehr selten ist noch deutsche Artillerie zu spüren. Aber was ist in diesen Wochen alles vorgegangen, noch wissen wir nicht, ob Klaus und Rüdiger, ob Dietrich Bonhoeffer und Hans noch leben, ebenso bei Guttenberg[1] ist's noch ganz ungewiß.

Die letzten drei Tage im Gefängnis brachten noch die schrecklichsten Enttäuschungen. Am Sonntag erwarteten wir die Entlassung von uns allen zusammen. Prof. Haushofer hatte schon vor einer Woche eine Namensliste heimlich herausgehen lassen, um uns sofort Ausweispapiere von den Besatzungsbehörden zu verschaffen. Jetzt wurden Pläne gemacht, wo wir wohnen, und wo wir uns treffen wollten. Guttenberg und ich wollten zu Klaus gehen und dort wohnen. – Im Laufe des Sonntag kamen die ersten Entlassungen, Sippenhäftlinge . . .

---

1 Karl Ludwig Frh. v. Guttenberg, Hg. der ›Weißen Blätter‹.

# DIETRICH BONHOEFFER

Am 4. Februar 1906 in Breslau geboren – 1923–1927 Theologiestudium in Tübingen und Berlin – 1927 Promotion mit »Sanctorum Communio«, 1930 Habilitation mit »Akt und Sein« – 1930/31 Studienaufenthalt in den USA – 1931 Privatdozent an der Berliner theol. Fakultät, zugleich Studentenpfarrer und ökumenischer Jugendsekretär – 1933 Antritt des Pfarramts in London – 1935 Beginn des Predigerseminars in Zingst, dann in Finkenwalde – 1937 nach polizeilicher Schließung des Seminars Sammelvikariate in Köslin und Groß-Schönwitz – 1938 Beginn der Kontakte mit dem Stab Canaris – 1939 Reise in die USA – 1940 Redeverbot und polizeiliche Meldepflicht, UK-Stellung für Abwehraufträge, mehrere Auslandsreisen – Anfang Januar Verlobung mit Maria von Wedemeyer; am 5. April 1943 verhaftet – 1945 am 9. April in Flossenbürg hingerichtet.

## Mitteilungen

[An Ricarda Huch]

*Ich will versuchen, der Reihe nach zu erzählen, was mir von Dietrichs Kindheit besonders im Gedächtnis geblieben ist ... Nachdem die schönen Spiele in dem Sandhaufen, das Bauen*

111

von Sandburgen, feuerspeienden Bergen, Murmelbahnen, Zauberbrunnen, das Betreuen der Holzpferde an Reiz zu verlieren begannen, kam für Dietrich der erste Schulunterricht zusammen mit mir. Meine Mutter unterrichtete uns leider nur sehr kurz selbst, da sie mit den fünf älteren Geschwistern keine Zeit mehr dazu fand. Die Einschulung in die »große Schule« gefiel Dietrich erst sehr wenig. Er ging ungern hin, wurde wohl auch etwas wegen seiner damals noch langen, als »Pagenkopf« geschnittenen, sehr hellblonden Haare gehänselt. Er erzählte damals auch, daß ein Klassenkamerad von ihm erzählt habe, daß er »schon weiße Haare habe«!

Als der Krieg ausbrach, war Dietrich acht Jahre. Ein kleiner Japaner schloß sich damals an Dietrich an und beschenkte Dietrich mit schönen Holzschnitten, auf die Dietrich sehr stolz war und die ihn wirklich freuten, während er die Käfer und Insektenbücher, die der kleine Japaner ihm gab, ungelesen an mich weitergab. Auch für meine Stabheuschrecken hatte er kein Interesse. Er spielte damals schon für sein Alter sehr hübsch Klavier, »Die Mühle«, das Schumann-Kinderalbum und »An Elise« für meine Mutter. Der Schulchor machte ihm Freude und er sang mit hübscher Stimme in einer Schulaufführung von Rombergs Glocke die Stelle: »denn mit der Freude Feierklänge begrüßt sie das geliebte Kind!« Während der letzten Kriegsjahre spielten wir, Dietrich, meine jüngere Schwester, zwei Nachbarsjungen und ich, viel wilde Spiele im Garten, auch viel Soldaten. Dietrich war der Hauptmann und exercierte mit uns und machte uns allerlei Absprünge und Kletereien vor, eigentlich alles Mutproben. Er war immer sehr gerecht beim Spiel. Mit großem Eifer baute er mit uns eine unterirdische Höhle, in der wir saßen und gern unsere Vesper aßen, aber auch abgesparte Herrlichkeiten wie Bonbons und Schokolade vergruben, um sie für ein Höhlenfest den Geschwistern und Eltern servieren zu können. In Ball- und Rennspielen war Dietrich sehr gut und ausdauernd. Wenn Parteien gewählt wurden, wählte er mich als seine Zwillingsschwester eigentlich immer zuerst, obwohl er bessere Spieler

*hätte wählen können. Dabei gewann er noch bis in sein 14. Jahr*
*sehr gern beim Spiel.*
*Sehr gern war Dietrich natürlich in den Ferien in Friedrichs-*
*brunn in unserm Landhäuschen. Er war als Junge ein leiden-*
*schaftlicher Beeren- und vor allem Pilzsammler. Er kannte sie*
*alle. Er sammelte Unmengen von Reizkern und trocknete sie*
*für unsern Vater, der so gern Pilzsuppe aß. Beim Beerensam-*
*meln auf den steilen sonnigen Hängen zwischen den schatten-*
*losen Schonungen war er unermüdlich, obwohl ihn die Brem-*
*sen stachen und die Sonne auf den Kopf brannte. Für meine*
*Schwester und mich trat er alle Brennesseln herunter, suchte*
*uns gute Stellen und schüttelte uns – wenn er mehr gefunden*
*hatte – in unsere Eimerchen etwas ab. So manche steile Halde*
*zog er mich herauf und nahm uns zur Erleichterung mit einem*
*freundlichen »los, gib her!« Rucksack oder Mantel ab. Die*
*Selbstverständlichkeit, mit der Dietrich einem ein Buch oder*
*eine Zeitung zum Mitlesen so hinhielt, daß man selbst sehr*
*gut, er aber nur angestrengt lesen konnte, war sehr charakteri-*
*stisch für ihn.*
*In Friedrichsbrunn war es auch, wo er mit 13 Jahren begann,*
*die Klassiker zu verschlingen. Abends lasen wir dann manch-*
*mal in verteilten Rollen. Er liebte das Buch »Helden des All-*
*tags«, das dort stand und von den mutigen, selbstlosen Taten*
*von Kindern erzählte, die dabei den Tod fanden. Auf unsern*
*Reisen in den Harz machte Dietrich gern in Halberstadt und*
*Quedlinburg Halt, um einige Stunden im Dom sein zu kön-*
*nen. Ihn interessierte alter Städtebau und Kirchenbau schon*
*früh. Auch die märkischen Städte mit ihren Kirchen liebte er*
*sehr.*
*Wenn er vom Harz zurückkam, freute er sich schon immer*
*sehr aufs Klavierspielen. Er füllte seine freie Zeit damit aus,*
*und hat auch als 14jähriger daran gedacht, Musik zu studie-*
*ren. Der Sonnabend Abend war für lange Zeit der »musikali-*
*sche Abend«, an dem jeder von uns Kindern etwas vorspielte.*
*Dietrich spielte sehr leicht auswendig und lernte auch bald*
*sehr gut, unsere Mutter beim Singen der Schubert-, Beethoven-*

und Wolf-Lieder zu begleiten. Er versuchte sich auch mal am Komponieren. Die Zeilen des Psalms »Was betrübst Du Dich, meine Seele, und bist so unruhig in mir? Harre auf Gott, denn wir werden ihm noch danken, daß er uns hilft mit seinem Angesicht!« setzte er in Musik für mehrere Stimmen, ließ es dann aber liegen, ebenso wie ein Trio über das Thema des letzten Müllerliedes »Gute Ruh, tu die Augen zu«, das er einige Male mit meinem Bruder Klaus und mir übte, aber dann nie wieder vornahm.

Als Dietrich 14 Jahre alt war, kamen wir beide zur Konfirmandenstunde. Wann und wie sich seine Absicht, Theologie zu studieren, entwickelte, kann ich nicht so genau sagen. In der Konfirmandenstunde lernte er auch Hans v. Haeften kennen, und die beiden verstanden sich gut. (Es war der Bruder Werner v. H., den Hitler nach dem 20. Juli mit Stauffenberg erschießen ließ.) Sonst hatte Dietrich keinen nahen Freund, brauchte wohl auch niemand, da er so stark im Geschwisterkreis lebte. In der Schule war er aber bei den Jungens sehr beliebt. Einen richtigen Freund fand er wohl erst während seiner Studienzeit.

Ich soll ja aber aus der Kinderzeit erzählen. Da will ich noch sagen, daß Dietrich immer mit großer Geduld und Freundlichkeit mit mir meine Violinsonaten übte und auch bei meinen wiederholten falschen Einsätzen nie die Beherrschung verlor. Nur blickte er doch oft traurig-verzweifelt, wenn ein Lied gesungen wurde und jemand schon hereinsprach, ehe er sein Nachspiel hatte beenden können.

Nachdem unser Bruder Walter 1918 als 18jähriger in Frankreich fiel, hat Dietrich sehr viel gelesen. Wir gingen damals oft in eine in der Nähe liegende Buchhandlung, wo wir herumlasen und meist auch etwas fanden, was wir uns von unserm Taschengeld für unsere Bücherbretter erstanden. Dietrich freute sich auch an hübschen Ausgaben. Bei Reproduktionen war er sehr kritisch. Manchmal erstand er sich eine schöne Reproduktion im Kaiser Friedrich-Museum, ehe er es verließ, so als ob er sich nicht so plötzlich ganz von all dem Schönen losreißen konnte und etwas davon mit heimnehmen müsse. Die Schule erledigte Dietrich spielend, fast nebenbei.

Nach dem Abitur lud er mich von seinem »Mulusgeld« auf eine Fußtour durch den Thüringer Wald ein, den er noch nicht kannte.

In Meiningen, wo wir unsere Tour mit schweren Rucksäcken begannen, war schon Vorfrühlingswetter, aber der Rennsteig lag noch im Schnee und auf dem Inselsberg kamen wir in hohen Schnee und eisigen Sturm, für den wir nicht ausgerüstet waren, und ich werde nie vergessen, wie rührend Dietrich mich umsorgte, mir seine Sachen umwickelte und mir jeden Schritt im Schnee voranstapfend sichern wollte, da wir keine Schneeschuhe hatten. Immer wieder schlug er mir die Eiskrusten vom Rocksaum und versuchte, mich gegen den schauderhaften Sturm zu schützen, obwohl ich garnicht klagte. Wir unterhielten uns viel über die Familie und Freunde, über Musizieren, über die Zukunft und waren sehr vergnügt zusammen, sangen auch allerhand beim Laufen.

Ich muß auch noch sagen, daß Dietrich Freude am Theaterspielen hatte. Als kleiner Junge setzte er die Hauff'schen Märchen für uns zum Aufführen, später spielten wir »le malade imaginaire«, worin er den Argan spielte. Er hatte immer großen Spaß an einer Situationskomik und er hatte auch viel szenisches Verständnis und schon früh viel Geschmack. Mit Eifer und Vergnügen führten wir »Die Journalisten« von Gustav Freytag auf. Mit Freunden aus der Schule führte er den »Weißen Fächer« von Hoffmannsthal auf und viele waren beeindruckt von der Schönheit und Reife, mit der er den Prolog und Epilog sprach. Dietrich war damals auch von seinem »Der Tor und der Tod« sehr beeindruckt. Während der Schulzeit ging er sehr gern ins Theater, später nicht mehr viel. Mehrmals hat er einen schönen Platz in der Staatsoper in zwei Olympsitze umgetauscht und mich darauf eingeladen. »Carmen« hörten wir von Stehplätzen und genossen es sehr.

Sabine Leibholz

An der Pforte bekomme ich Nummer und Passierschein. Breite Wege zwischen roten Mauern, Gitterfenster hinter umzäunten Höfen. Ich schiebe mein Fahrrad, – vielleicht ist hier radeln verboten. Die Luft im Warteraum ist noch muffiger als die auf den Gängen, aber ich weiß es ja nun schon seit Wochen: »Ohne Sprecherlaubnis gleich zur Paketannahmestelle durchgehen«. Auf der schmalen Holzbank dicht an der Wand kleben die Wartenden und halten ihre Köfferchen und Päckchen behutsam, fast zärtlich auf dem Schoß. Keiner im Raum ist ohne Maske, kein unnötiges Wort fällt ...

Ich bin an der Reihe, die Sachen, die ich für Dietrich bringe, an der Theke abzugeben. Genaue Kontrolle. Die Punkte unter den Buchstaben, unser Code, mit denen die hin- und hergehenden Bücher gezeichnet sind, werden nie bemerkt. Neues Warten bis zum Aufruf. Dann liegen da die Sachen, die Dietrich eben noch in den Händen hatte, Bücher, getragene Wäsche, leere wasserfeste Pappdosen, die er sorgfältig aufgehoben hat – Wertgegenstände in damaliger Zeit, denn Glas und Büchsen zum Lebensmitteltransport zu verwenden, ist verboten. Wieder genaue Durchsicht. Ein Zettel in Dietrichs Schrift, mir etwas fremd durch die gute Lesbarkeit – wohl der Kontrolle zuliebe –, Bitten um Taschentücher, bestimmte Bücher, Seife oder andere erlaubte Kleinigkeiten. Kein Gruß, keine Unterschrift. Ich darf Kenntnis nehmen, abschreiben. Acht Tage muß er auf das Erwünschte warten.

Ich packe gerade alles in das schäbige Köfferchen, da winkt mir einer der Uniformierten – später erfahre ich, daß es Unteroffizier Holzendorf ist – und sagt: »Sie wollten doch noch telefonieren.« Natürlich, warum sollte ich nicht telefonieren wollen. Vielleicht hat er mir etwas auszurichten. Hinter ihm her, durch schmale, grauweiße Gänge. Wortlos. Dann öffnet er eine Tür. »Eine Viertelstunde«, sagt er, tritt zurück, läßt mich eintreten und macht die Tür hinter mir zu. Vor mir steht mein Bruder.

*Gut, daß wir in unserem Elternhaus erlernt haben, auch der heftigsten Gefühle nach außen Herr zu bleiben. Aber stumm bleiben wir im ersten Augenblick doch, während wir uns die Hand geben. Dann lege ich automatisch meine Jacke über das Telefon auf dem Schreibtisch und erkläre meine Anwesenheit: »Ich telefoniere hier nämlich!« „Ich wußte garnicht, warum man mich rief", sagt Dietrich, »das ist doch wahnsinnig nett von Holzendorf.« Und mit diesem von ihm früher so gern gebrauchten Adjektiv ist unsere ganze Kindheit und Jugendzeit wieder zwischen uns im Raum und das böse Grauen dieser verschlossenen Wände wie weggewischt. Wenn der Unteroffizier vom Dienst im Untersuchungsgefängnis Tegel »wahnsinnig nett« sein kann, dann habe ich Dietrich ungebrochen vor mir, dann ist seine alte, gutwillige Art, Menschen anzunehmen und anzuerkennen, ihm geblieben.*

*Nun reihen sich die Fragen nach dem Ergehen der Familie, besonders nach dem unseres gefangenen Schwagers Hans von Dohnanyi, und meine Antworten in der überschnellen Redeweise aneinander, die unserm Geschwisterkreis selbstverständlich ist, zuhörende Gäste aber, selbst Freunde des Hauses, leicht schwindeln macht. Gut für die knappen Minuten, die wir haben – wie lang kann ein Telefongespräch im Gefängnis schon unauffällig dauern –, daß wir in unserm Elternhaus erlernt haben, nur das Wesentliche kurz und bündig zu sagen, mag diese Kurzform der Rede, ebenso wie die Zurückhaltung in Gefühlsäußerungen, auch herb erscheinen.*

*Am wichtigsten sind einige Nachrichten für unseren Schwager, die sich aus den Verhören ergaben, und die auf verborgenem Wege weitergeleitet werden können. Was wir von der Lage halten, möchte Dietrich wissen. Wenn wir nicht wüßten, daß auch bei uns die Wünsche die Gedanken erzeugten, würden wir besser wissen, was wir von der Lage zu halten hätten. So einigen wir uns von der Sicht der bürgerlichen Opposition und der kirchlichen Arbeit meinerseits und der Sicht aus dem Militäruntersuchungsgefängnis seinerseits: es kann nicht mehr lange dauern, es kracht in allen Fugen, wirtschaftlich, militä-*

risch, menschlich. »Es kann nicht lang mehr währen, halt noch ein wenig aus« – lächelt Dietrich, dann fragt er nach seinem Patensohn, meinem Michael, sagt, es wäre ihm vom letzten Besuch bei uns so eindrücklich geblieben, daß der Sechsjährige alle Verse von dem Lied »Warum sollt ich mich denn grämen« auswendig abends in seinem Bettchen sang. Besonders den zweiten Vers, den wir beide nicht mehr ganz sicher parat hatten, sagte der Kleine uns, unser Versagen bemerkend, laut vor: »Nackend lag ich auf dem Boden, da ich kam, da ich nahm meinen ersten Odem, nackend werd' ich wieder ziehen, wenn ich werd' von der Erd' als ein Schatten fliehen«. »Ich habe jetzt auch alle Verse auswendig gelernt«, sagt Dietrich. Ich besinne mich gut auf den Abend, auf die Kinderstimme im Dunkel. Es betraf uns, aber wir waren, Gott sei gedankt, ohne Vorahnung wie genau. Wir haben beide jetzt zu tun, nicht noch weich zu werden, denn gleich ist die Zeit abgelaufen. Kurze Aufträge, ein paar Bitten, »sag uns wirklich, was Du brauchst und haben möchtest, wir hungern deshalb bestimmt nicht, es wollen viele Freunde helfen.« Langsam geht die Tür auf, ich fahre in meine Jacke, Dietrich verhält sich im Abstand, falls Holzendorf nicht allein kommt, aber er kommt allein. »Behüt' Euch Gott bei den Angriffen!« »Euch hier alle auch.« Später wird der wirklich gute, tapfere und, man könnte hier wohl sagen, edle Holzendorf, der auch anderen ihr Gefängnisleben zu erleichtern versuchte, Opfer eines Bombenangriffs. Aber erst später – noch geschieht es zweimal, daß ich »telefonieren« darf, wenn ich mit dem Köfferchen am Freitag nach Tegel komme und in Holzendorfs Zimmer Dietrich vorfinde. Natürlich muß er längere Abstände wahren, um nicht aufzufallen.

Aber es gibt noch einen Ausweg für die Findigkeit von Holzendorf, uns Freude zu machen. Während ich die zurückgegebenen Sachen packe, höre ich rufen: »Bonhoeffer runter zur Bewegung!« Da ist der große Gefängnishof und wenn ich recht langsam mache, komme ich gerade vorbei, wenn er mit seinem Wachmann herauskommt. So sehen wir uns wenig-

*stens, nicken uns zu, ganz vorsichtig, versuchen, alle mühsam erhaltene Zuversicht durch Blick, Bewegung und Gedanken einander zuzusichern …*

*Freitag, der 28. Juli 1944[1]. Der Weg mit dem Fahrrad von Dahlem über das Haus der Eltern am Bahnhof Heerstraße, um dort letzte Nachrichten und die Sachen für Dietrich zu holen, bis nach Tegel ist diesmal sehr, sehr weit. Was mag sich für ihn, den Neffen des verhafteten Stadtkommandanten von Hase, verändert haben? Wird die Erlaubnis zur Annahme von Wäsche, Eß- und Rauchwaren noch für ihn bestehen? Werde ich den Eltern irgend eine Nachricht über ihn bringen können? Unser Freund Holzendorf ist seit Januar tot. Trotzdem hat es Dietrich verstanden, hie und da am Freitag, nachdem er die Sachen hatte, seinen halbstündigen Spaziergang auf dem Hof zu machen – jetzt schon lange nicht mehr in Begleitung des Hauptmanns, sondern mit einem einfachen Wachsoldaten, der aber wohl orientiert und Freund ist.*

*Einlaß, Abgabe, Kontrolle, Warten – Kontrolle, Zurückgabe, alles läuft wie immer. Jetzt ganz langsam einpacken, falls er noch herunter zur Bewegung kommt. Umständlich schließe ich mein Rad los, sehe dabei gespannt auf den Gefängnishof. Nichts. Mühsam befestige ich das Köfferchen, schiebe los, ein sehnsüchtiger Blick durch den Zaun auf die Ecke des Hofes, von der er zu kommen pflegt. Dann sehe ich ihn mit seiner Bewachung ganz ruhig den breiten Weg auf mich zukommen. Gut, daß ich in meinem Elternhaus mit sieben großen Geschwistern es erlernt habe, mich tatkräftig durchzuschwindeln, wenn es etwas zu erreichen galt. Ich muß Dietrich unauffällig sprechen. Beide Ventile sind schnell aus dem Rad entfernt, ich lehne es an die Mauer, bemühe mich mit der Pumpe, den Rücken den beiden Näherkommenden zugekehrt. Jetzt bleiben sie hinter mir stehen. Es klappt! »Auf Latschen? Kann ich Ihnen helfen?« fragt der Wachmann laut und Dietrich sagt leise: »Wir können sprechen, Herr Knobloch ist absolut si-*

---

1 Nach dem gescheiterten Umsturzversuch des 20. Juli.

cher.« Ich bedanke mich laut und herzlich, reiche Pumpe und Ventile, beuge mich interessiert über das Rad, vor dem unser guter Geist und Helfer hockt und eifrig Unnötiges tätigt. Dietrich steht unbeteiligt dicht dabei und spricht, ohne die Lippen zu bewegen. Meine Antworten gehen harmlos halblaut über das Rad hin, als ob es sich um Ratschläge zur Besserung der Panne handle. »Nein, unser Bruder Klaus ist frei, aber Dietrichs Mitkonfirmand und Freund Hans von Haeften ist mit seiner Frau verhaftet. Am Sonntag war er noch bei uns in der Dahlemer Kirche zum Abendmahl. Er sprach anschließend sehr ruhig mit uns über sein voraussichtliches Ende. Sein Bruder war Adjutant bei Stauffenberg. Abends warteten wir dann vergeblich auf seinen versprochenen Besuch.« Dietrich ist sehr betroffen, der Freund hinterläßt fünf kleine Kinder. Unser Schwager Hans liegt noch mit einer Lähmung nach einer schweren Diphterie im Gefängnis. Das ist jetzt beruhigend. Über das Geschick unseres Onkels[2], über alles, was das Radio zu sagen weiß, ist Dietrich orientiert. Er hört es im Revier. Auch den englischen Sender. Er ist beunruhigt, daß dort so wenig von dem ganzen Geschehen des Aufstandes Notiz genommen wird. Für ihn haben sich noch keine Verschärfungen bemerkbar gemacht. Er sieht aber so schlecht aus wie noch nie. »Es wird wohl doch alles sehr anders kommen.« Und dann wieder das Wünschen: vielleicht begreifen aber jetzt alle, was los ist, vielleicht geht es doch jetzt schnell zu Ende, die Unruhe wächst doch, es sind zu viele betroffen. »Es ist noch nie so viel mit Klopfzeichen bei Nacht losgewesen, wie in diesen Tagen hier«, sagt er. Herr Knobloch hat fast eine Stunde gebraucht, um die beiden Ventile wieder einzusetzen und das Rad aufzupumpen. Ich bedanke mich herzlich harmlos mit Handschlag bei den beiden Herren und schiebe mein Rad, ohne mich umzudrehen, zum Ausgangstor, denn nun rollen mir doch die Tränen. Aber das fällt hier bei den Schließern nicht weiter auf.

---

2  General Paul von Hase.

*Den Heimweg spüre ich kaum, so glücklich bin ich, den Eltern erzählen zu können, daß ich Dietrich gesehen und gesprochen habe. »Klopfzeichen bei Nacht« denke ich, »mit Klopfzeichen fing es bei uns an.« Eines Tages, wir »drei Kleinen« schliefen nicht mehr zusammen, erklärte er mir und meiner Schwester Sabine: »Wir denken tagsüber viel zu wenig an den lieben Gott, und abends nach dem Beten denke ich auch gleich wieder an etwas anderes und höre, wie ihr nebenan anfangt zu schwatzen. Soll ich, wenn mir der liebe Gott abends einfällt, bei euch dreimal an die Wand klopfen, damit ihr auch an ihn denkt?« Drei Klopfzeichen – ich habe sie noch manchmal im Ohr. Ob sie Dietrich wohl auch wieder eingefallen sind in seiner Zelle? Am 28. Juli 1944 bin ich zum letzten Mal meinem Bruder Dietrich begegnet.*

*Susanne Dress*

[Tegel] 21.7.[44][1]

Lieber Eberhard! Heute will ich Dir nur so einen kurzen Gruß schicken. Ich denke, Du wirst in Gedanken so oft und viel hier bei uns sein, daß Du Dich über jedes Lebenszeichen freust, auch wenn das theologische Gespräch einmal ruht. Zwar beschäftigen mich die theologischen Gedanken unablässig, aber es kommen dann doch auch Stunden, in denen man sich mit den unreflektierten Lebens- und Glaubensvorgängen genügen läßt. Dann freut man sich ganz einfach an den Losungen des Tages[2], wie ich mich z. B. an der gestrigen

---

1 Am Tag nach dem gescheiterten Putsch.

2 20. Juli: »Jene verlassen sich auf Wagen und Rosse, wir aber denken an den Namen des Herrn, unsres Gottes« (Ps. 20,8). »Ist Gott für uns, wer mag wider uns sein« (Röm. 8,31). 21. Juli: »Der Herr ist mein Hirte, mir wird nichts mangeln« (Ps. 23,1). »Ich bin der gute Hirte und erkenne die Meinen und bin bekannt den Meinen« (Joh. 10,14).

und heutigen besonders freue, und man kehrt zu den schönen Paul Gerhardtliedern zurück und ist froh über diesen Besitz.

Ich habe in den letzten Jahren mehr und mehr die tiefe Diesseitigkeit des Christentums kennen und verstehen gelernt; nicht ein homo religiosus, sondern ein Mensch schlechthin ist der Christ, wie Jesus – im Unterschied wohl zu Johannes dem Täufer – Mensch war. Nicht die platte und banale Diesseitigkeit des Aufgeklärten, der Betriebsamen, der Bequemen oder der Lasziven, sondern die tiefe Diesseitigkeit, die voller Zucht ist, und in der die Erkenntnis des Todes und der Auferstehung immer gegenwärtig ist, meine ich. Ich glaube, daß Luther in dieser Diesseitigkeit gelebt hat.

Ich erinnere mich eines Gesprächs, das ich vor 13 Jahren in Amerika mit einem französischen jungen Pfarrer[3] hatte. Wir hatten uns ganz einfach die Frage gestellt, was wir mit unserem Leben eigentlich wollten. Da sagte er: ich möchte ein Heiliger werden (– und ich halte für möglich, daß er es geworden ist –); das beeindruckte mich damals sehr. Trotzdem widersprach ich ihm und sagte ungefähr: ich möchte glauben lernen. Lange Zeit habe ich die Tiefe dieses Gegensatzes nicht verstanden. Ich dachte, ich könnte glauben lernen, indem ich selbst so etwas wie ein heiliges Leben zu führen versuchte. Als das Ende dieses Weges schrieb ich wohl die »Nachfolge«. Heute sehe ich die Gefahren dieses Buches, zu dem ich allerdings nach wie vor stehe, deutlich.

Später erfuhr ich und ich erfahre es bis zur Stunde, daß man erst in der vollen Diesseitigkeit des Lebens glauben lernt. Wenn man völlig darauf verzichtet hat, aus sich selbst etwas zu machen – sei es einen Heiligen oder einen bekehrten Sünder oder einen Kirchenmann (eine sogenannte priesterliche Gestalt!), einen Gerechten oder einen Ungerechten, einen Kranken oder einen Gesunden – und dies nenne ich Diesseitigkeit, nämlich in der Fülle der Aufgaben, Fragen, Erfolge

---

3  Jean Lasserre.

und Mißerfolge, Erfahrungen und Ratlosigkeiten leben, – dann wirft man sich Gott ganz in die Arme, dann nimmt man nicht mehr die eigenen Leiden, sondern die Leiden Gottes in der Welt ernst, dann wacht man mit Christus in Gethsemane, und ich denke, das ist Glaube, das ist μετάνοια: und so wird man ein Mensch, ein Christ. (Vgl. Jerem. 45!). Wie sollte man bei Erfolgen übermütig oder an Mißerfolgen irre werden, wenn man im diesseitigen Leben Gottes Leiden mitleidet? Du verstehst, was ich meine, auch wenn ich es so kurz sage. Ich bin dankbar, daß ich das habe erkennen dürfen und ich weiß, daß ich es nur auf dem Wege habe erkennen können, den ich nun einmal gegangen bin. Darum denke ich dankbar und friedlich an Vergangenes und Gegenwärtiges.

Vielleicht wunderst Du Dich über einen so persönlichen Brief. Aber wenn ich einmal so etwas sagen möchte, wem sollte ich es sonst sagen? Vielleicht kommt die Zeit, in der ich auch zu Maria einmal so sprechen kann; ich hoffe es sehr. Aber noch kann ich ihr das nicht zumuten.

Gott führe uns freundlich durch diese Zeiten; aber vor allem führe er uns zu sich.

Ich habe mich ganz besonders über den Gruß von Dir gefreut und bin froh, daß Ihr es nicht zu heiß habt. Von mir müssen noch viele Grüße zu Dir kommen. Sind wir nicht eigentlich 1936 ungefähr diese Strecke gefahren?[4]

Leb wohl, bleibe gesund und laß die Hoffnung nicht sinken, daß wir uns bald alle wiedersehen. In Treue und Dankbarkeit denkt immer an Dich

Dein Dietrich

---

4 Gemeint ist die Fahrt nach Italien; vgl. D B, 627f.

# STATIONEN AUF DEM WEGE ZUR FREIHEIT[1]

### Zucht.

Ziehst du aus, die Freiheit zu suchen, so lerne vor allem / Zucht der Sinne und deiner Seele, daß die Begierden / und deine Glieder dich nicht bald hierhin, bald dorthin führen. / Keusch sei dein Geist und dein Leib, gänzlich dir selbst unterworfen, / und gehorsam, das Ziel zu suchen, das ihm gesetzt ist. / Niemand erfährt das Geheimnis der Freiheit, es sei denn durch Zucht.

### Tat.

Nicht das Beliebige, sondern das Rechte tun und wagen, / nicht im Möglichen schweben, das Wirkliche tapfer ergreifen, / nicht in der Flucht der Gedanken, allein in der Tat ist die Freiheit. / Tritt aus ängstlichem Zögern heraus in den Sturm des Geschehens, / nur von Gottes Gebot und deinem Glauben getragen, / und die Freiheit wird deinen Geist jauchzend umfangen.

### Leiden.

Wunderbare Verwandlung. Die starken tätigen Hände / sind dir gebunden. Ohnmächtig einsam siehst du das Ende / deiner Tat. Doch atmest du auf und legst das Rechte / still und getrost in stärkere Hand und gibst dich zufrieden. / Nur einen Augenblick berührtest du selig die Freiheit, / dann übergabst du sie Gott, damit er sie herrlich vollende.

### Tod.

Komm nun, höchstes Fest auf dem Wege zur ewigen Freiheit, / Tod, leg nieder beschwerliche Ketten und Mauern / unsres vergänglichen Leibes und unsrer verblendeten Seele, / daß wir endlich erblicken, was hier uns zu sehen mißgönnt ist. /

---

1 In Tegel nach dem gescheiterten Putsch geschrieben.

Freiheit, dich suchten wir lange in Zucht und in Tat und in Leiden. / Sterbend erkennen wir nun im Angesicht Gottes dich selbst.

[Begleitzeilen zu »Stationen auf dem Wege zur Freiheit«]
L[ieber] E[berhard]! Ich schrieb diese Zeilen heute abend in ein paar Stunden. Sie sind recht roh; dennoch freuen sie Dich vielleicht etwas und sind doch so etwas wie ein eigenes Geburtstagsgeschenk! Herzlichst

Dein D[ietrich]

Ich sehe heute früh, daß ich die Verse noch einmal ganz umbauen muß. Trotzdem mögen sie im Rohbau so an Dich abgehen. Ich bin ja kein Dichter!

# JONA[1]

Sie schrieen vor dem Tod und ihre Leiber krallten
sich an den nassen, sturmgepeitschten Tauen
und irre Blicke schauten voller Grauen
das Meer im Aufruhr jäh entfesselter Gewalten.

»Ihr ewigen, ihr guten, ihr erzürnten Götter,
helft oder gebt ein Zeichen, das uns künde
den, der euch kränkte mit geheimer Sünde,
den Mörder oder Eidvergeß'nen oder Spötter,

---

1 Am 22. 9. verschlechterte ein Aktenfund durch die Gestapo die Situation für die Familie. Anfang Okt. gab D. Bonhoeffer einen Fluchtplan auf; am 5. 10. entstand daraufhin dieses Gedicht. Am 8. 10. wurde er in das Kellergefängnis der Gestapo in der Prinz-Albrecht-Straße verbracht und einer neuen Verhörserie durch das RSHA unterworfen. Klaus Bonhoeffer, Rüdiger Schleicher und E. Bethge kamen im gleichen Monat in das RSHA-Gefängnis Lehrter Straße 3.

der uns zum Unheil seine Missetat verbirgt
um seines Stolzes ärmlichen Gewinnes!«
So flehten sie. Und Jona sprach: »Ich bin es!
Ich sündigte vor Gott. Mein Leben ist verwirkt.

Tut mich von euch! Mein ist die Schuld. Gott zürnt mir sehr.
Der Fromme soll nicht mit dem Sünder enden!«
Sie zitterten. Doch dann mit starken Händen
verstießen sie den Schuldigen. Da stand das Meer.


## VON GUTEN MÄCHTEN[1]

Von guten Mächten treu und still umgeben,
behütet und getröstet wunderbar, –
so will ich diese Tage mit euch leben
und mit euch gehen in ein neues Jahr;

noch will das alte unsre Herzen quälen,
noch drückt uns böser Tage schwere Last.
Ach Herr, gib unsern aufgeschreckten Seelen
das Heil, für das Du uns geschaffen hast.

Und reichst Du uns den schweren Kelch, den bittern,
des Leids, gefüllt bis an den höchsten Rand,
so nehmen wir ihn dankbar ohne Zittern
aus Deiner guten und geliebten Hand.

Doch willst Du uns noch einmal Freude schenken
an dieser Welt und ihrer Sonne Glanz,
dann woll'n wir des Vergangenen gedenken,
und dann gehört Dir unser Leben ganz.

---

1  Aus der Prinz Albrecht-Straße, Ende Dezember 1944, zum Geburtstag seiner Mutter am 30. 12. und für seine Braut.

Laß warm und hell die Kerzen heute flammen,
die Du in unsre Dunkelheit gebracht,
führ, wenn es sein kann, wieder uns zusammen!
Wir wissen es, Dein Licht scheint in der Nacht.

Wenn sich die Stille nun tief um uns breitet,
so laß uns hören jenen vollen Klang
der Welt, die unsichtbar sich um uns weitet,
all Deiner Kinder hohen Lobgesang.

Von guten Mächten wunderbar geborgen
erwarten wir getrost, was kommen mag.
Gott ist bei uns am Abend und am Morgen,
und ganz gewiß an jedem neuen Tag.


[Prinz Albrecht-Straße]
28. Dez. 44

Liebe Mama! Eben habe ich zu meiner ganz großen Freude
die Erlaubnis bekommen, Dir zum Geburtstag zu schreiben.
Ich muß es etwas in Eile tun, da der Brief gleich noch fort soll.
Eigentlich habe ich nur einen einzigen Wunsch, nämlich in
diesen für Euch so trüben Tagen irgendeine Freude machen
zu können. Liebe Mama, Du mußt wissen, daß ich jeden Tag
unzählige Male an Dich und Papa denke und daß ich Gott
danke, daß Ihr da seid für mich und für die ganze Familie. Ich
weiß, daß Du immer nur für uns gelebt hast und daß es für
Dich ein eigenes Leben nicht gegeben hat. Daher kommt es,
daß ich alles, was ich erlebe, auch nur mit Euch zusammen erleben kann. Daß Maria bei Euch ist, ist mir ein ganz großer
Trost. Ich danke Dir für alle Liebe, die im vergangenen Jahr
von Dir zu mir in meine Zelle gekommen ist und mir jeden
Tag hat leichter werden lassen. Ich glaube, daß diese schweren Jahre uns noch enger miteinander verbunden haben als es

je war. Ich wünsche Dir und Papa und Maria und uns allen, daß das neue Jahr uns doch wenigstens hier und da einen Lichtblick bringt und daß wir uns doch noch einmal zusammen freuen können. Gott erhalte Euch gesund!

Es grüßt Dich, liebe Mama, und denkt an Dich an Deinem Geburtstag von ganzem Herzen

Euer dankbarer Dietrich

[Prinz Albrecht-Straße]
17.I.45

Liebe Eltern! Ich schreibe heute wegen des Volksopfers[1] und möchte Euch bitten, in vollem Umfange über meine Sachen zu verfügen; es hieß, es würde auch ein Smoking angenommen; gebt meinen bitte ab; ich habe auch einen übrigen Filzhut und einen zu kleinen »Pfeffer und Salz«-Anzug, auch ein paar braune Halbschuh; Du, liebe Mama, übersiehst jetzt besser als ich, was ich noch habe. *Kurz, gebt ohne Bedenken ab, was irgend gebraucht wird!* Wenn Euch etwas fraglich, könnt Ihr vielleicht mit Herrn Kommissar Sonderegger telephonieren! Mit wie wenig der Mensch auskommt, habe ich ja in den 2 vergangenen Jahren gelernt. Man hat hier in der Tatenlosigkeit einer langen Haft besonders das starke Bedürfnis, das in den engen Grenzen Mögliche für das allgemeine Ganze zu tun. Ihr werdet das mitempfinden können. Wenn man bedenkt, wie viele Menschen jetzt täglich alles verlieren, hat man eigentlich garkeinen Anspruch mehr auf irgendwelchen Besitz. Ich weiß, daß Ihr ebenso denkt und möchte nur gern auch selbst an der Sache beteiligt sein! – Fliegt Hans Walter jetzt eigentlich im Osten? und Renate's Mann? – Habt vie-

---

1 In der zeitweise offener laufenden Verhörserie im RSHA gab dieses von Goebbels propagierte »Volksopfer« eine Möglichkeit zu diesem letzten Brief; s. DB, 1012.

128

len Dank für Euren Brief, auch Maria danke ich für ihren Weihnachtsbrief *sehr*! Man liest die Briefe hier bis man sie auswendig kann!

Noch ein paar Bitten: es wurden heute für mich leider keine Bücher abgegeben. Herr Kommissar Sonderegger würde sie auch zwischendurch annehmen, wenn Maria sie her bringt! Ich wäre sehr dankbar dafür. Auch Streichhölzer, Waschlappen und Handtuch fehlten diesmal. Verzeiht, daß ich das sage; es war sonst alles ganz herrlich! Vielen Dank! Könnte ich bitte Zahnpasta und ein paar Kaffeebohnen … bekommen? Könntest Du, lieber Papa, aus der Bibliothek bestellen: *H. Pestalozzi,* »Lienhard«, und »Abendstunden eines Einsiedlers«; *P. Natorp*: »Sozialpädagogik«; *Plutarch*: »Große Männer. Biographien«?

Es geht mir gut. Bleibt nur gesund! Habt vielen Dank für alles. Maria viele Grüße und Dank! Auch allen Geschwistern und Schwiegermutter!

  Von Herzen grüßt Euch Euer dankbarer Dietrich

Bitte auch Briefpapier beim Herrn Kommissar abzugeben!

# Danach

[Leipzig]
Karl-Friedrich Bonhoeffer für seine Kinder      Juni 1945[1]

... Ich will Euch von all dem erzählen. Warum? Weil meine
Gedanken jetzt dort sind, dort in den Trümmern, wo keine
Nachricht zu uns dringt, wo ich noch vor einem Vierteljahr
Onkel Klaus, den zum Tode Verurteilten, im Gefängnis besuchte. Die Berliner Gefängnisse! Was wußte ich von ihnen
noch vor einigen Jahren, und mit wie anderen Augen habe ich
sie seitdem angesehen. Das Charlottenburger Untersuchungsgefängnis, in dem Tante Christel einige Zeit gefangen saß,
das Tegeler Militäruntersuchungsgefängnis, in dem Onkel
Dietrich anderthalb Jahre saß, das Moabiter Militärgefängnis
mit Onkel Hans, das SS-Gefängnis in der Prinz-Albrecht-
Straße, wo Onkel Dietrich ein halbes Jahr im Kellergeschoß
hinter Gitter gehalten wurde, und das Gefängnis in der Lehrter Straße, wo man Onkel Klaus folterte und Onkel Rüdiger
quälte, wo sie noch zwei Monate nach ihrem Todesurteil
lebten.
Vor all diesen Gefängnissen habe ich an den schweren Eisen-
toren gewartet, wenn ich in den letzten Jahren in Berlin war
und dort »dienstlich« zu tun hatte. Dorthin habe ich Tante
Ursel und Tante Christel, Tante Emmi und Maria begleitet,
die oft täglich hingingen, um Sachen zu bringen oder abzuho-
len. Oft kamen sie umsonst, oft mußten sie sich von nieder-
trächtigen Kommissaren beschimpfen lassen, manchmal aber
fanden sie auch einen freundlichen Pförtner, der menschlich
dachte und einen Gruß ausrichtete, der außerhalb der vorge-

---

1 Die Familie war nach Friedrichsbrunn evakuiert. Die Übergabe von
 Leipzig aus amerikanischen in sowjetische Hände stand bevor. Sein
 Schicksal als angesehener Naturwissenschaftler war ungewiß.

schriebenen Zeit etwas abnahm oder Essen trotz Verbotes den Gefangenen gab.

Ja, das Essen bringen! Es war nicht ganz einfach in den letzten Jahren und besonders Tante Ursel konnte sich da gar nicht genug tun. Sie magerte dabei zum Skelett ab. Es gab Tragödien, wenn Onkel Rüdiger das Essen wieder hinausschickte und sagen ließ, er hätte genug. Wer glaubte ihm das? Tante Ursel schickte es wieder hinein und es kam wieder zurück. Onkel Klaus war da anders! Er verzehrte stets alles, was man ihm schickte. Nicht so schlimm hat es Onkel Dietrich gehabt, solange er in Tegel saß. Er stand sich dort gut mit dem Gefängnispersonal und der Gefängniskommandant war menschlich. Auch Onkel Hans hatte es zunächst nicht schlecht. Sein Gefängniskommandant benahm sich zu ihm fast freundschaftlich. Aber dann wurde er krank, kam in die Charité in die Chirurgische Klinik zu Sauerbruch, wo ich ihn das letzte Mal gesehen habe. Nachdem er wieder ins Gefängnis gebracht worden war, bekam er Scharlach und Diphterie und lag dann mit schweren postdiphterischen Lähmungen fast ein halbes Jahr zu Bett, zuletzt im Konzentrationslager Oranienburg und im Staatskrankenhaus Berlin.

Und jetzt! Das letzte Mal war ich Ende März in Berlin; kurz vor Großpapas 77. Geburtstag mußte ich zurück. Onkel Klaus und Onkel Rüdiger lebten noch; Onkel Hans gab durch den Arzt Nachrichten, die nicht ganz hoffnungslos waren; von Onkel Dietrich, der Anfang Februar von Berlin durch die SS verschleppt worden war, fehlte jede Spur. Es war wohl am 8. April kurz vor meiner Abreise nach Friedrichsbrunn zu Euch, daß ich von Leipzig aus zum letzten Mal mit den Großeltern telephonierte. Damals stand alles noch unverändert. Das sind nun mehr als zwei Monate. Was mag vor der Eroberung Berlins durch die Russen noch alles geschehen sein? Ein Mann kam von dort, er erzählte, man habe noch 4000 politische Gefangene vorher umgebracht. Und wie mag es während der Eroberung und nachher zugegangen sein? Ob alle noch leben? Ob die Großeltern diese schweren Tage noch

ausgehalten haben? Beide waren schon vorher am Rande ihrer Kraft. Großmama hatte in den letzten Jahren häufig Schwächeanfälle mit Gedächtnisverlust, eine Folge der Überanstrengung, Aufregung und Unterernährung in den letzten Jahren. Sie haben im Hause keine tüchtige Hilfe. Onkel Dietrich hat jemand noch ausführlich am 5. April gesprochen, in der Gegend von Passau[2]. Von dort sollte er in das Konzentrationslager Flossenbürg bei Weiden gebracht werden.
Warum ist er noch nicht hier? . . .


Karl Bonhoeffer an Prof. Joßmann in Boston Berlin, 8.10.45

. . . Daß wir viel Schlimmes erlebt und zwei Söhne und zwei Schwiegersöhne durch die Gestapo verloren haben, haben Sie, wie ich höre, erfahren. Sie können sich denken, daß das an uns alten Leuten nicht ohne Spuren vorübergegangen ist. Die Jahre hindurch stand man unter dem Druck der Sorge um die Verhafteten und die noch nicht Verhafteten, aber Gefährdeten. Da wir aber alle über die Notwendigkeit zu handeln einig waren und meine Söhne auch sich im Klaren waren, was ihnen bevorstand im Falle des Mißlingens des Komplotts und mit dem Leben abgeschlossen hatten, sind wir wohl traurig, aber auch stolz auf ihre gradlinige Haltung. Wir haben von beiden Söhnen schöne Erinnerungen aus dem Gefängnis . . . die uns und ihre Freunde sehr bewegen . . .

---

2 Das war der Tag in Regensburg.

## Zu den Texten

Die Briefe von Klaus Bonhoeffer an Cornelie (S. 49f), an die Eltern (S. 51f) und an die Kinder (S. 52–56) wurden erstmals veröffentlicht in: Dietrich und Klaus Bonhoeffer, Auf dem Wege zur Freiheit. Gedichte und Briefe aus der Haft, hg. von Eberhard Bethge, Verlag Haus und Schule, Berlin ²1947.

Den Mitteilungen zu Hans von Dohnanyi liegt ein Brief von Christine von Dohnanyi an Ricarda Huch aus München vom 12. 11. 46 zugrunde.

Aus den Briefen Hans von Dohnanyis vom 25. 2. und 8. 3. 45 wurden bereits Teile zitiert in: Eberhard Bethge, Dietrich Bonhoeffer. Theologe, Christ, Zeitgenosse, Chr. Kaiser Verlag, München ⁶1986, 1020ff, auch als Taschenbuch (KT 69, Gütersloh 1994) lieferbar.

Für die Mitteilungen zu Justus Delbrück wurde der Text von Annedore Leber verwandt aus: dies., Das Gewissen entscheidet. Bereiche des deutschen Widerstandes von 1933–1945, Mosaik-Verlag, Berlin 1957, 284–286.

Den Mitteilungen zu Dietrich Bonhoeffer liegt ein Brief von Sabine Leibholz an Ricarda Huch aus Oxford vom 14. 11. 46 zugrunde. Angefügt ist (etwas gekürzt) der Beitrag »Begegnungen in Tegel« von Susanne Dress aus: Wolf-Dieter Zimmermann (Hg.), Begegnungen mit Dietrich Bonhoeffer, Chr. Kaiser Verlag, München ⁴1969, 188 bis 194.

Die hier abgedruckten Briefe Dietrich Bonhoeffers stammen aus: ders., Widerstand und Ergebung. Briefe und Aufzeichnungen aus der Haft, hg. von Eberhard Bethge, Kaiser Taschenbücher 100, Gütersloh ¹⁵1994, 194–198, 217–220.

Die Briefe von Karl-Friedrich und Karl Bonhoeffer (S. 130ff) wurden bereits in Eberhard Bethges Bonhoeffer-Biographie (aaO. 1042ff) wiedergegeben.

## Zu den Porträts

Die Aufnahmen von Rüdiger Schleicher und Dietrich Bonhoeffer stellten Eberhard und Renate Bethge zur Verfügung. Die Wiedergabe des Selbstbildnisses von Hans v. Dohnanyi, einer in der Haft entstandenen Bleistiftzeichnung, verdanken wir Frau Barbara Bayer-v. Dohnanyi. Das Bild von Klaus Bonhoeffer stammt aus dem Besitz von Frau Emmi Bonhoeffer. Das Foto von Justus Delbrück verdanken wir Herrn Klaus Delbrück.

# Dietrich Bonhoeffer –
# Losungen für jeden Tag
# des Jahres

## Dietrich Bonhoeffer –
## Worte für jeden Tag

Herausgegeben von Manfred
Weber. 128 Seiten. Kt.
Originalausgabe [3-579-05139-3]
KT 139

365 prägnante Sinnsprüche aus dem
Gesamtwerk Dietrich Bonhoeffers ausge-
wählt, vermitteln Glaubens- und Lebens-
erfahrungen und geben Losungen für
jeden Tag des Jahres, die ermutigen,
›nicht das Beliebige, sondern das
Rechte‹ zu tun und zu wagen.

Chr. Kaiser
Gütersloher
Verlagshaus

# Dietrich Bonhoeffer

Eberhard Bethge
## Dietrich Bonhoeffer
Eine Biographie.
8. Auflage. 1130 Seiten. Kt.
[3-579-05069-9] KT 69

## Von guten Mächten
Gebete und Gedichte.
Interpretiert von Johann
Ch. Hampe. 10. Auflage
80 Seiten. Kt.
[3-579-05017-6] KT 17

## Widerstand und Ergebung
Briefe und Aufzeichnungen aus
der Haft. Nachwort von
Christian Gremmels.
Hrsg. von Eberhard Bethge.
16. Auflage. 232 Seiten. Kt.
[3-579-05100-8] KT 100

## Dietrich Bonhoeffer Lesebuch
Hrsg. von Otto Dudzus.
4. Auflage. 180 Seiten. Kt.
[3-579-05011-7] KT 11

## Gemeinsames Leben
Hrsg. von Eberhard Bethge,
Gerhard L. Müller und Albrecht
Schönherr. 24. Auflage.
120 Seiten. Kt.
[3-579-05041-9] KT 41

KT

**Eberhard Bethge
Dietrich Bonhoeffer**
Eine Biographie

Kaiser Taschenbücher

Chr. Kaiser
Gütersloher
Verlagshaus

# Ein lebendiges Zeugnis

Dietrich Bonhoeffer Werke
Ergänzungsband

## So ist es gewesen

Briefe im Kirchenkampf 1933–1942 von Gerhard Vibrans, aus seinem Familien- und Freundeskreis und von Dietrich Bonhoeffer.
Hrsg. von Dorothea Andersen u. a. 496 Seiten mit 8 Seiten Kunstdrucktafeln. Geb.
[3-579-01889-2]

Gerhard Vibrans (1907–1942) war einer der ersten Vikare in dem von Dietrich Bonhoeffer geleiteten Predigerseminar Finkenwalde. Die im Zusammenhang mit der Herausgabe der Werke Dietrich Bonhoeffers erschlossenen Briefe sind ein eindrucksvolles Dokument über Studium, Ausbildung und pfarramtliche Praxis junger Theologen in der Zeit des Nationalsozialismus, im Spannungsfeld zwischen Reichskirche und Bekennender Kirche, zwischen Anpassung und Illegalität.

Chr. Kaiser
Gütersloher
Verlagshaus